Filosofia da natureza

Coleção **PASSO-A-PASSO**

CIÊNCIAS SOCIAIS PASSO-A-PASSO
Direção: Celso Castro

FILOSOFIA PASSO-A-PASSO
Direção: Denis L. Rosenfield

PSICANÁLISE PASSO-A-PASSO
Direção: Marco Antonio Coutinho Jorge

Ver lista de títulos no final do volume

Márcia Cristina Ferreira Gonçalves

Filosofia da natureza

ZAHAR

Agradeço aos amigos Edgar Marques e Karla Chediak, meus colegas do Departamento de Filosofia da Uerj, as atentas leituras e os comentários relevantes sobre o texto original.

Jorge Zahar Editor Ltda.
rua Marquês de S. Vicente 99 – 1º | 22451-041 Rio de Janeiro, RJ
tel (21) 2529-4750 | fax (21) 2529-4787
editora@zahar.com.br | www.zahar.com.br

Preparação de originais: Maria Helena Torres
Composição: TopTextos Edições Gráficas Ltda.
Capa: Sérgio Campante

CIP-Brasil. Catalogação-na-fonte
Sindicato Nacional dos Editores de Livros, RJ.

Gonçalves, Márcia Cristina Ferreira
G627f Filosofia da natureza / Márcia Cristina Ferreira Gonçalves. — Rio de Janeiro: Zahar, 2006.
(Passo-a-passo; 67)

Inclui bibliografia
ISBN 978-85-7110-929-2

1. Filosofia da natureza. I. Título. II. Série.

CDD: 113
06-2058 CDU: 113

Sumário

Introdução

A expressão *philosophia naturalis* foi cunhada no primeiro século da era cristã pelo filósofo romano Sêneca, em sua obra intitulada *Naturales quaestiones*, datada de 62. Entretanto, a origem da especulação filosófica acerca da natureza pode ser localizada mais de cinco séculos antes disso. A filosofia da natureza é tão antiga quanto a filosofia propriamente dita, pelo simples fato de que esta última tem como ponto de origem a busca de um princípio fundamental capaz de explicar a existência de todas as coisas. Essa concomitância de origem entre a filosofia da natureza e a filosofia em geral nos permite compreender que o fundamento da primeira é muito menos a física, entendida por uma rede de conceitos científicos empiricamente comprovados, e muito mais a idéia grega de *physis* enquanto totalidade substancial do mundo material. Essa concepção originária de natureza abre-se de imediato para uma dimensão freqüentemente interpretada como metafísica, ou seja, que transcende a possibilidade de experimentação. Na verdade, a questão da possibilidade da experiência será um dos temas centrais da filosofia da natureza, do qual trataremos a seu tempo. Inicialmente, contudo, é importante considerar que a proposta de uma abordagem universal da filosofia da natureza não deve nos afastar do relevante aspecto de sua historicidade. O próprio conceito filosófico de "natureza", inaugurado a partir da tradução latina de Sêneca sobre o conceito grego de *physis*, bem como os diversos outros conceitos envolvidos nas considerações filosóficas acerca da natureza, tem sofrido ao longo dos séculos notáveis transformações de significado, e uma das principais razões para isso é sem dúvida o desenvolvimento das chamadas ciências da natureza.

Alguns dos principais conceitos pensados pela filosofia da natureza encontram-se também nas teorias científicas, como "matéria", "substância", "força", "movimento", "vida" e "organismo". A semelhança de linguagem, porém, esconde uma grande distinção não apenas metodológica, mas principalmente semântica na utilização desses conceitos por ambas as esferas do saber. A relativa independência dessas esferas dá-se a partir da possibilidade ampliada do exercício especulativo que se permite o filósofo da natureza, enquanto o cientista, bem ou mal, precisa manter-se no círculo mais restrito, se não da verificabilidade empírica, ao menos da demonstrabilidade matemática. A razão filosófica que conduz o filósofo da natureza pode permitir-lhe a ultrapassagem desses limites, embora não deva transgredir a recomendável lógica imanente ao encadeamento de suas próprias idéias. Por outro lado, a relação da matemática e da experiência com o conceito de natureza, longe de ser ignorada ou menosprezada pela filosofia da natureza, será, como teremos oportunidade de constatar, um dos produtos de sua especulação racional.

Nossa primeira tarefa, entretanto, consiste em evitar a simples redução do processo de desenvolvimento da filosofia da natureza a uma história das ciências da natureza. Para tanto, foram destacados quatro momentos da história da filosofia como os mais representativos desse desenvolvimento.

O primeiro momento paradigmático localiza-se na origem do pensamento filosófico grego, em que encontramos a concepção de *physis* em intrínseca relação com a idéia de uma ordem imanente ou uma espécie de entendimento que permeia os movimentos e processos da natureza. Essa concepção pode ser contrastada, por um lado, com uma compreensão mítica anterior, da origem do mundo, mas, por outro lado, também com a prática da experiência que caracterizará os procedimentos considerados propriamente científicos. O segundo momento, iniciado também na antigüidade grega, diz respeito à teoria atomista sobre a constituição das coisas, que tanto influenciou a concepção moderna de natureza. Esta apresenta nítido contraste com uma idéia de natureza animada, concebida nesse mesmo período. No terceiro momento, identifica-se o surgimento, na Idade Média, de uma compreensão ambígua da natureza, ao mesmo tempo criada por deus e inabitada por ele. Esse entendimento será contrastado com a analogia da natureza com um livro sagrado capaz de revelar o divino. No quarto momento, acompanharemos de forma relativamente sucinta a consolidação de um pensamento mecanicista, predominante no século XVII. Para finalizar, entraremos em contato com algumas idéias fundamentais de Schelling, consideradas até hoje o grande paradigma da especulação filosófica da natureza de todos os tempos. E, por tratar-se de um filósofo ainda relativamente pouco conhecido no Brasil, este volume se encerra com a tradução de alguns de seus *Aforismos para introdução à filosofia da natureza.*

Em seu desenvolvimento ao longo da história, a filosofia da natureza parece ter oscilado sempre entre duas tendências opostas: uma que pensa a natureza como divina, animada ou como um imenso organismo vivo, e outra que a concebe como uma grande máquina, secularizada e desprovida de alma. De um lado, os idealistas, os vitalistas e os românticos, que estendem o conceito de organismo aos seres aparentemente inanimados, situando o princípio do movimento da natureza no interior dos próprios corpos que se movem e conectando cada parte do cosmo por meio de uma ordem imanente à própria natureza. De outro, os atomistas, os racionalistas e os mecanicistas, que transformam a natureza em máquina sem vida própria, cujo movimento é sempre causado por fatores alheios.

É possível argumentar que o surgimento e o desenvolvimento das ciências da natureza privilegiaram esta última tendência, não apenas porque, durante muito tempo, foi mais fácil aplicar a matemática a teorias mecânicas sobre o movimento na natureza mas também porque a idéia de vitalismo foi, também por muito tempo, associada a misticismo e obscurantismo, apresentados como grandes obstáculos à razão, que reivindicava sua própria autonomia, especialmente no início da idade moderna, época de maior ascensão das ciências da natureza.

Não se trata aqui de apresentar uma disputa partidária entre essas duas tendências, tampouco de propor a adesão a uma ou outra das partes em conflito, mas antes de elucidar uma dinâmica própria de nosso saber acerca da natureza. É interessante admitir que esse tipo de contradição não ocorre apenas em modos diferentes de pensar a natureza, mas constitui o próprio processo do desenvolvimento natural. Afinal, a natureza é ao mesmo tempo aquela que gera a vida e aquela que a extingue; a mãe generosa que fornece nosso meio de subsistência e o poder capaz de destruir qualquer pretensão humana de superioridade. É essa ambigüidade que será abordada, essa contradição que, aliás, se reflete em nós, em nossa natureza humana, também inegavelmente contraditória. É possível, assim, encontrarmos ao longo da história da filosofia formas de pensamento sobre a natureza que cada vez mais se permitem internalizar esse tipo de contradição, tornando-a tema da reflexão filosófica.

A origem da filosofia da natureza com base no conceito grego de *physis*

Um modo interessante de compreendermos o surgimento da filosofia da natureza e da filosofia em seu conteúdo mais originário é pela transformação de uma cosmogonia dominante no pensamento mítico grego em uma cosmologia propriamente dita, presente no pensamento dos primeiros filósofos da Grécia. Os deuses primordiais são Caos, Eros e Géia. A Terra engendra de si mesma Uranos, o Céu. Mãe e filho se envolvem, então, em uma cópula quase eterna que os torna indiferenciados até que seu filho Cronos, o tempo em sua expressão ainda puramente negativa, os separa mediante violenta castração, engendrando por sua vez o dia e a noite. Na mitologia grega antiga, Géia permanece uma deusa poderosa, porque acumula o poder da sabedoria de toda a verdade anterior ao tempo; ela é a mãe originária de todos os deuses e sabe tudo o que acontece no passado, no presente e no futuro. É possível interpretar a teogonia grega antiga como uma cosmogonia mítica e pré-racional, ou seja, como poesia que narra, a partir da metáfora dos deuses, a origem de cada elemento do universo e de suas relações recíprocas.

O momento inaugural da filosofia é, entretanto, caracterizado pela busca de uma explicação para a origem do cosmo que não mais se fixe apenas na linguagem poética da teogonia. A tão comum definição do início da filosofia como a substituição da explicação mítica ou (como é recorrente nos manuais de história da filosofia) a passagem do mito ao *logos* é por demais simplista para descrever o que representou histórica e filosoficamente essa origem. Compreender a filosofia antiga a partir da relação entre *logos* e *physis* é de fato compreender que o início da especulação filosófica sobre o mundo é em grande parte acompanhado pela tradição mítica grega de unidade entre espírito e natureza, e, ao mesmo tempo, pelo início de um certo estranhamento entre o ser humano pensante e o ser natural ou a totalidade dos demais seres da natureza, ou seja, a natureza em sua totalidade. Esse estranhamento pode ser identificado pela clássica definição aristotélica da condição para a possibilidade do filosofar. Para Aristóteles "os homens começam e começarão sempre a filosofar movidos pela admiração (*thaumaston*)". Esse espanto originário é descrito pelo filósofo com exemplos da relação do espírito humano com a natureza exterior, mais especificamente com fenômenos cósmicos, tais como as "mudanças da lua" ou aquelas "relativas ao sol e às estrelas", ou os fenômenos decorrentes do que denominava "geração do universo". Aristóteles observou a proximidade entre esse espanto filosófico e o espanto mítico que inspirou os poetas da Antigüidade, concluindo que "também o que ama os mitos é de certo modo filósofo; pois o mito se compõe de elementos maravilhosos", ou seja, capazes de provocar espanto igual. Nessa mesma passagem de sua obra intitulada *Metafísica*, Aristóteles acrescenta que "aquele que se coloca um problema ou se admira reconhece sua ignorância", repetindo, assim, a máxima socrática de que a consciência do não saber é o motivo para a busca do saber, para o amor pelo saber, portanto, para o filosofar.

A filosofia começa cerca de 200 anos antes de Aristóteles, na região da Grécia localizada na costa da Ásia Menor. Os filósofos jônicos são considerados os primeiros filósofos da natureza ou "physiólogos". Thales, Anaximandro, Anaxímenes, Diógenes de Apolônia e Heráclito deixaram alguns poucos fragmentos, cujo tema fundamental é exatamente a *physis*. A maior preocupação desses primeiros filósofos era encontrar uma substância originária ou um princípio fundamental a partir do qual todas as coisas seriam constituídas. Visando solucionar alguns problemas derivados dessa busca, os filósofos pré-socráticos que se seguiram estabeleceram algumas teorias de inegável universalidade conceitual, como, por exemplo, a tese sobre a constituição do universo a partir de quatro elementos; o conceito de matéria e a hipótese de sua estrutura atômica; a idéia de uma harmonia universal, atribuída por alguns deles à ordem matemática, ou ainda as teses sobre as relações entre matéria e força e entre orgânico e inorgânico.

O aspecto mais interessante dessas teses, que chegaram a nós de modo tão fragmentado e algumas vezes obscuro, está exatamente em seu poder de revelar problemas até hoje relevantes, independente das diferentes soluções ou respostas que vieram a receber. É esse poder, aliás, que distingue essas teorias, atribuindo-lhes caráter propriamente filosófico e não apenas científico. Seu grau de universalidade permitiu que elas se desenvolvessem ao longo da história, permanecendo, entretanto, fiéis a sua origem, apesar da aquisição de novos e diversos significados. O conceito de átomo, por exemplo, desenvolvido inicialmente por Leucipo e Demócrito de Abdera no século IV antes de nossa era, evoluiu ao longo da história do pensamento a ponto de seu significado atual contradizer seu sentido etimológico original. O átomo há muito deixou de ser a parte indivisível da matéria; no entanto, a força histórica e filosófica desse conceito é tão intensa que seu emprego permanece, ainda que para descrever fenômeno muito mais complexo do que se imaginava quando ele foi concebido na Antigüidade.

Um aspecto interessante de se levar em conta em relação aos filósofos pré-socráticos é o fato de alguns deles terem sido também matemáticos. Thales de Mileto, considerado o primeiro filósofo da história do Ocidente, formulou os teoremas matemáticos iniciais, cuja validade é até hoje reconhecida. Pitágoras, além de seu famoso teorema, estabeleceu a paradigmática fórmula "tudo é número", retomada séculos mais tarde pela física de Galileu, embora descontextualizada da mística pitagórica que a gerou. Se, por um lado, a matemática garantia a alguns filósofos a existência de uma ordem capaz de harmonizar a natureza aparentemente caótica, por outro, uma certa preocupação empírica norteava as teorias pré-socráticas. Matemática e empiria acabaram sendo também os eixos centrais que sempre sustentaram as ciências da natureza, e ainda o fazem atualmente. A filosofia da natureza, porém, afirmou-se a partir de um desenvolvimento teórico que transcendeu a esfera da experiência e da simples quantificação dos fenômenos naturais. O próprio conceito pitagórico de número está muito longe de seu sentido vulgar instrumental. No número, Pitágoras encontrava a possibilidade de afirmar a harmonia de dois princípios fundamentais, por ele denominados "limitado" e "ilimitado".

A idéia de uma ordem numérica e geométrica também está presente na concepção cosmológica de Platão, assim como a de uma harmonia cósmica e de uma alma do mundo, expressão de uma inteligência capaz de organizar e governar todas as coisas.

Em geral, os gregos antigos pensavam o mundo como finito, representando-o freqüentemente pela figura geométrica do círculo. A finitude de uma esfera limitada era para eles o que mais se adequava à idéia de perfeição. No entanto, a limitação espacial não coincidia necessariamente com a limitação temporal; havia entre eles a imagem circular de um eterno retorno, representando a infinidade temporal. Segundo descreve Platão, em sua obra intitulada *Timeu*, a forma naturalmente concedida ao mundo é "a mais conveniente ao animal que deveria conter em si mesmo todos os seres vivos" e capaz de "abranger todas as formas existentes", ou seja, a forma "de esfera", "a mais perfeita das formas e a mais semelhante a si mesma", a mais "bela". O mundo, segundo Platão, é animado não mais pelos deuses descritos na antiga mitologia, mas por uma alma própria, chamada "alma do mundo".

A idéia do círculo como parâmetro geométrico da perfeição retorna muitas vezes em diferentes concepções de natureza ao longo da história, especialmente na época do Renascimento, como, por exemplo, na física de Galileu, que, em nome desse princípio, recusa-se a aceitar a teoria de Kepler sobre o movimento elíptico dos planetas. E a idéia platônica de "alma do mundo" será retomada por alguns renascentistas, especialmente pelo filósofo italiano do século XVI Giordano Bruno, condenado à morte pela Inquisição da Igreja Católica sob a acusação de prática de bruxaria. As idéias de Bruno sobre a organização da natureza exercerão profunda influência sobre os filósofos da natureza dos séculos seguintes, como Leibniz, Herder, Goethe e, principalmente, Schelling. A idéia de natureza auto-organizada ressurgirá ainda na chamada ecofilosofia da segunda metade do século XX, e é muitas vezes acompanhada pela imagem da natureza como grande mãe.

A idéia de perfeição simbolizada pelo círculo está presente também em Aristóteles, que se refere sobretudo ao movimento dos astros, que ele considerava divinos e, portanto, constituídos de uma matéria diferente daquela presente no denominado mundo sublunar.

A contribuição de Aristóteles para o pensamento filosófico da natureza é fundamental não só por seu talento para experimentação e pesquisa com espécimes naturais, mas principalmente por sua capacidade de sistematizar os conhecimentos que ia adquirindo ao longo de suas experiências com a natureza em um contexto filosófico mais amplo, articulando teorias específicas sobre a *physis* com teses metafísicas e lógicas. Na verdade, Aristóteles é o mais antigo dos filósofos a mostrar a diferença entre a ciência empírica da natureza e o saber propriamente filosófico a respeito da mesma. Ele desenvolveu, por exemplo, a prática de dissecação de animais com a finalidade de compreender o funcionamento de seus organismos, identificando as diferentes partes, o que fez dele um importante precursor das ciências empíricas. Contudo, sua mais importante contribuição para a história do saber humano deu-se na esfera da especulação filosófica.

O conceito aristotélico de *physis* possui um duplo sentido presente até hoje em nosso conceito de natureza. Aristóteles se refere, de um lado, à *physis* de cada coisa específica, ou seja, à natureza particular de um ente determinado; de outro, ele emprega o termo physis para descrever a totalidade dos seres existentes. Ambos os sentidos constituem igualmente conceitos filosóficos. O primeiro compreende a idéia de princípio e causa do movimento (ou mesmo do repouso) de uma coisa determinada. Nessa acepção, a natureza de uma coisa é seu atributo essencial, aquilo que faz com que ela seja o que é. Em seu sentido mais amplo, enquanto cosmo, a natureza reúne todas as qualidades originais existentes. Essa totalidade possui uma ordem ou um logos capaz de organizar os diferentes entes contidos na natureza. Ao diferençar a natureza das coisas particulares, Aristóteles constrói uma visão de mundo organizado hierarquicamente, de modo que cada ente tem seu lugar próprio, do qual se pode afastar por algum tempo, mas para o qual sempre tenderá naturalmente.

É este o verdadeiro sentido do movimento na natureza, segundo Aristóteles: a busca de cada coisa para ser o que deve ser segundo sua natureza própria, ou, em outras palavras, uma necessidade imanente de atualizar suas próprias potências. A exceção estaria nos corpos celestes, considerados divinos não porque fossem dispensados de realizar movimentos, mas porque o fato de o fazerem não implicaria — como acontece com os corpos sublunares — o restabelecimento de uma ordem eventualmente perdida. O movimento dos corpos celestes seria, ao contrário, a expressão perfeita e eterna da ordem ou do *logos*.

No mundo em que vivemos existe também uma espécie de inteligência, a que Aristóteles chamava de *nous*, um tipo de entendimento que pode ser interpretado como o universal que permeia todas as coisas particulares. Essa concepção de um *logos* presente na natureza fundamenta a teoria aristotélica de teleologia. O verdadeiro fim racional da natureza é a realização de seu *logos*, e a natureza já o possui nela mesma. Os seres da natureza encontram-se, assim, segundo Aristóteles, em uma cadeia hierárquica, na qual basicamente três níveis principais se sucedem: o vegetal, o animal e o ser inteligível ou humano.

Junto com a teleologia, outra teoria filosófica de Aristóteles sobre a natureza que sobreviveu aos séculos é o *hylemorfismo*, termo composto por dois conceitos gregos tradicionalmente traduzidos por matéria e forma. É importante, entretanto, lembrar que, em especial, o conceito grego de *hyle* muito difere de nosso conceito atual de matéria, assim como o conceito grego *morphe* diz mais do que o sentido vulgar de forma. Para Aristóteles, formal e material dizem respeito a dois conjuntos diversos de causas responsáveis pelo movimento das coisas. A forma de um ser natural diz respeito a sua efetividade ou a seu acabamento, à chamada *entelecheia* — estado em que um ente realizou plenamente seu *telos*, ou fim. A forma é responsável, por exemplo, pela semelhança interna de uma espécie, já que cada um de seus membros possui *telos* idêntico ao dos demais —, igual finalidade a ser efetivada. Por outro lado, a condição necessária para a realização da forma é a matéria. Sem ela, também não é possível a concretização do fim último de um ente.

No caso dos seres naturais, a matéria e a forma acabam se relacionando como princípios opostos. De um lado, a tendência para a estabilidade e a perenidade, que domina a forma; de outro, a tendência ao movimento, à mudança e ao perecimento, que domina a matéria; naquele, há o predomínio do princípio da coesão; neste, o da dispersão. Aristóteles reconhece que o modo encontrado pela natureza para manter o equilíbrio de ambas as tendências não se dá na esfera particular de cada ente, mas sim na teleologia geral das espécies, que garantem a autopreservação por meio da reprodução. Esse fenômeno envolve também um movimento temporal circular, ou seja, repetitivo, no qual diferentes gerações se sucedem em uma cadeia aparentemente infinita.

De fato, a relação entre o finito e o infinito é um dos temas centrais da filosofia da natureza desde a Grécia antiga, uma relação que pode ser também transposta para aquela entre o universal e o particular. Em outras palavras, o antigo filósofo da natureza já buscava explicar como é possível que a natureza possua tantos e tão múltiplos entes e fenômenos e ainda possa ser compreendida como uma totalidade. A busca dessa unidade se expressa também na insistente busca de um princípio incondicionado na natureza. Enquanto Thales, por exemplo, encontrara na água o fundamento último para a constituição da natureza, Empédocles propôs reduzir o todo natural a quatro elementos: água, terra, fogo e ar, os quais são, apesar de todo o desenvolvimento científico, até hoje reconhecidos como fundamentais. Mas a teoria sobre a constituição das coisas proposta na Grécia antiga e que mais influência exerceu sobre nossa concepção moderna de natureza é, sem dúvida, o atomismo.

O atomismo como início da secularização da natureza

A tese de que existiria um número limitado de partículas indivisíveis, cuja combinação daria origem a todas as demais substâncias compostas, é de profundidade e genialidade sem iguais, especialmente se pensarmos que ela foi concebida no século IV antes de nossa era. Segundo o comentador francês Robert Lenoble, autor de *História da idéia de natureza*, o atomismo significa uma "vontade de atomizar a natureza inteira" a fim de "torná-la penetrável ao espírito humano".

O atomismo ficou mais conhecido a partir da filosofia de Epicuro, filósofo grego nascido em 342, cerca de 40 anos depois de Aristóteles e considerado, portanto, seu contemporâneo. A grande questão resolvida pelo atomismo de Epicuro é, sem dúvida, a do movimento, também central na filosofia de Aristóteles. Essa questão já havia sido posta na ontologia pré-socrática de Heráclito e Parmênides. O primeiro privilegiava o devir, enquanto passagem ou movimento do não-ser ao ser e vice-versa; o segundo, ao contrário, afirmava a diferença absoluta entre o ser e o não-ser, reduzindo o movimento ou o devir à mera ilusão dos sentidos. O atomismo apresenta uma solução alternativa para esse antigo impasse filosófico, inaugurando uma explicação materialista e mecanicista, que tem como principal conseqüência a desmitificação total da natureza.

Uma característica importante da teoria atomista é a de inserir o conceito de vazio ou nada no cerne da própria natureza, sem, contudo, afirmar a possibilidade de que esse nada venha a se tornar algo. O nada ou o vazio, segundo os atomistas, é somente o espaço em torno dos átomos, o meio no qual eles se movem e se chocam uns com os outros por mero acaso. Por incrível que possa parecer, são exatamente esses conceitos negativos, como nada e acaso, que serviram de base a Epicuro para a afirmação da liberdade humana que, por sua vez, fundamenta seu projeto teórico mais proeminente: uma filosofia moral. Se os átomos se movem ao acaso e se as coisas se formam por um destino cego, então não existem deuses capazes de determinar um destino, nem para a natureza nem para a humanidade. A afirmação mítica dos deuses como causa dos fenômenos da natureza não passava, também segundo Demócrito, de uma invenção humana a fim de dar sentido a certos fenômenos da natureza que causavam muito espanto e temor, tais como trovões e relâmpagos.

O atomismo é assim uma das primeiras formas de pensamento responsáveis pela secularização da natureza. E também um dos primeiros a propor uma doutrina da evolução. Os atomistas acreditavam que a origem do homem seria a própria terra, e que, assim como os vermes, teriam surgido sem nenhuma destinação especial, apenas como fruto da combinação contingente da matéria. Outra tese fundamental dos atomistas é a de que o conhecimento humano advém da sensação, que consistiria na impressão que causam em nós os chamados "simulacros", ou seja, aquilo que percebemos pelos sentidos. O fato de não percebermos sensivelmente os átomos não implicava, para os atomistas antigos, que sua existência não pudesse ser demonstrável.

A principal dessas demonstrações dizia respeito à observação das mudanças de estado físico das coisas, compreendido, então, como essencialmente mecânico.

O atomismo concebe, assim, em caráter pioneiro, o movimento dos corpos a partir de uma mecânica que envolve seus estados físicos. O fato, porém, de limitar a constituição das coisas a um número finito de átomos e, em conseqüência, pensar este nosso mundo como igualmente finito não impediu que Epicuro imaginasse a existência de outros e infinitos mundos, todos constituídos pelos mesmos átomos. E foi essa totalidade infinita de mundos que ele denominou universo. O universo de Epicuro é, ao contrário do cosmo, eterno. Nosso mundo limitado surgiu da combinação meramente casual dos átomos, e irá um dia desaparecer em função de um desligamento também contingente dos átomos.

O processo de secularização da natureza iniciado pelo atomismo grego está longe de ser o momento mais complicado da relação entre o ser humano e o ser natural. Esta torna-se realmente problemática a partir da adoção, por parte das principais vertentes da filosofia medieval, da concepção de natureza como criada por uma única e onipotente divindade.

A criação da *natura naturata* e sua analogia com o livro sagrado

O dogma judaico-cristão do criacionismo estabelece não mais uma complementaridade (como na filosofia antiga), mas uma contradição entre a identidade e o estranhamento de espírito e natureza. De fato, em uma análise mais radical, ele representa uma espécie de retrocesso em relação ao trabalho dos filósofos gregos antigos, na medida em que consiste no retorno de uma explicação mítica e dogmática da origem ou do princípio da natureza. Muito embora o dogma cristão da criação atribua à natureza um aspecto imediatamente divinizado e conseqüentemente espiritualizado em sua origem, a relação de um deus transcendente (e, portanto, supranatural) com a natureza nunca é totalmente imediata, ou, pelo menos, não de todo clara.

A concepção filosófica medieval de natureza abriga uma ambigüidade. Dentre os representantes mais importantes dessa tradição cristã, destaca-se santo Agostinho, um dos responsáveis por acentuar o duplo sentido do conceito de natureza. Na verdade, segundo Agostinho, existiriam duas naturezas opostas, uma denominada *natura naturans*, que é propriamente o criador de tudo, Deus, e outra chamada *natura naturata*, que corresponde à criação ou à obra criada. Na Idade Média, aparecem várias diferentes teorias sobre a relação entre Deus e a natureza criada, incluindo algumas de influência platônica, como a do pseudodioniso, do século V, que, em lugar de oposição, afirma uma relação de complementaridade entre ambos. A possibilidade, contudo, de se entender uma possível conciliação entre *natura naturans* e *natura naturata* encontra-se na idéia de que a natureza é uma espécie de "espelho", no qual se refletiria a própria imagem do Criador (*imago Dei*), ou ainda pela metáfora de um livro sagrado, já presente em santo Agostinho.

Essa metáfora, também denominada "analogia hermenêutica", compara a natureza com a sagrada escritura, considerada até então pelos cristãos a fonte primordial de sabedoria, desde que, obviamente, se soubesse interpretar corretamente a palavra divina nela contida.

Esse não é um exemplo raro da história na filosofia medieval (cujos momentos mais propriamente filosóficos têm como um dos objetivos principais promover a conciliação entre o pensamento racional e o pensamento mítico presente nos dogmas cristãos) de um círculo lógico vicioso, em que a condição do saber acaba se tornando também sua finalidade última. Ou seja: a sagrada escritura é a palavra divina, por meio da qual se alcança a verdade; para interpretá-la, porém, é preciso possuir determinado conhecimento, o que supõe uma capacidade prévia para reconhecer o verdadeiro. Essa imediata contradição justifica, então, a necessidade da intermediação do sacerdote no acesso ao saber e, conseqüentemente, todo o poder hierárquico da instituição Igreja. A analogia hermenêutica iniciada com Agostinho estabelece, entretanto, uma abertura nesse círculo do saber imediatamente proposto pela teologia, na medida em que aponta para a natureza como uma segunda fonte possível para a iluminação do espírito. Contudo, a natureza é, de acordo com Agostinho, uma espécie de livro sagrado escrito ainda em linguagem cifrada e cuja decifração se dá muito mais por contemplação e mesmo intuição estética do que pelo entendimento propriamente dito. Em sua obra intitulada *Enarrationes in Psalmos*, o bispo de Hipona aconselha a seus leitores em tom quase imperativo: "Que a página divina seja para você o livro que permite ouvir falar destas coisas, e que a terra seja para você o livro que permite vê-las."

A grande vantagem da instauração dessa metáfora do livro da natureza é o fato de o crente poder dispensar a intermediação da autoridade do sacerdote. Agostinho inaugura uma síntese a partir da exterioridade da fé cristã em uma divindade transcendente e da interioridade de uma reflexão fundada sobretudo na sensibilidade e na intuição. Do ponto de vista da transformação do conceito de natureza, Agostinho rompe ainda com a famosa contradição presente no mito judaico-cristão da queda do paraíso, que acaba por cindir a natureza em dois sentidos opostos: um como fonte de prazer ou como meio da unidade imediata com o divino; outro como fonte do pecado, dando origem ao sentimento humano de cisão e de falta, só remediável pela redenção e pela graça. A analogia hermenêutica da natureza devolve-lhe assim, um sentido divino, ainda que ele esteja imediatamente oculto.

A analogia entre o livro sagrado dos cristãos e a natureza enquanto símbolo a ser decifrado ressurge muitas vezes ao longo da história da filosofia, tanto em obras de filósofos cristãos, como é o caso do *De tribus diebus*, do escolástico Hugo de Saint-Victor, que descreve a natureza como um livro "escrito pelo dedo de Deus" (*scriptus digitus Dei*), quanto nas obras de cientistas renascentistas, por exemplo Galileu Galilei, que traduziu a idéia do código sagrado da natureza como a de um código matemático, definindo a matemática, e mais especificamente a geometria, como "o alfabeto no qual Deus escreveu o universo". Permanecem iguais a metáfora e o pressuposto: a natureza é criação divina. Mas a substituição de uma cifra a ser compreendida pela fé ou a contemplação estética por uma linguagem matemática que só pode ser decifrada pela ciência — a qual finalmente começaria a se estabelecer como fonte de verdade mais segura, independente da fé — provocaria uma mudança definitiva. Sua principal característica é a gradativa secularização da natureza, sua dessacralização, total objetivação e destinação ao entendimento e à ação dos seres humanos. Essa tendência aprofunda-se com o advento das ciências da natureza propriamente ditas, sobretudo da física mecanicista moderna.

A matematização do universo, contudo, pode ser encontrada ainda no pensamento medieval, especialmente na obra de Thierry de Chartres, francês do século XII defensor de uma ordem racional da física, uma espécie de lei que nem mesmo o criador poderia transgredir. Nessa nova corrente, a filosofia medieval tenta encontrar na própria escritura, em particular no livro do Gêneses, indicações matemáticas que explicariam racional e fisicamente a natureza criada; é o caso do escolástico Boaventura, místico neoplatônico que decodifica cada um dos seis dias da criação em diferentes esferas físicas da natureza, dividindo, por exemplo, a natureza celeste em três diferentes céus — o empírico, o cristalino e o firmamento — a fim de tornar coerente a descrição aparentemente irracional da doutrina da criação.

Mas é sem dúvida Tomás de Aquino, diretamente influenciado pela filosofia aristotélica, o responsável, nesse período medieval e cristão da história da filosofia, por apresentar uma idéia de natureza a mais racional possível. Ele também diferenciou *natura naturans* e *natura naturata*, estabelecendo como principal possibilidade de relação entre elas o princípio de causalidade. A metáfora do livro da natureza é então de todo eliminada, e os fenômenos físicos ganham uma explicação causal, seguindo também um princípio de continuidade. Os seres da natureza são de novo expostos em uma escala hierárquica, cujo topo é naturalmente Deus ou o *ens perfectissimum*.

Essa releitura cristã feita por Tomás de Aquino da idéia de um desenvolvimento teleológico e hierárquico da natureza ecoará sobre a concepção moderna; porém, o princípio que rege esse desenvolvimento será gradativamente esvaziado de qualquer sentido transcendente. O resultado dessa nova secularização será o mecanicismo moderno.

A concepção mecanicista da natureza como um imenso relógio

A grande diferença da concepção moderna de natureza em relação ao período medieval é uma gradual independência entre o saber filosófico e científico, de um lado, e a teologia, de outro. Essa independência, contudo, não resultará ainda na superação da divisão entre *natura naturans* e *natura naturata*. Com o início da chamada ciência nova, no século XVI, a *natura naturata* passa a ser o foco principal das pesquisas, enquanto a *natura naturans* permanece como uma espécie de região intocável. Nesse período do Renascimento, encontramos alguns ícones da filosofia da natureza com visões quase diametralmente opostas. De um lado, Paracelsus e Giordano Bruno, com concepções consideradas vitalistas e organicistas; de outro, Roger Bacon e Galileu Galilei, com suas concepções empiristas e mecanicistas. Estas últimas predominarão no pensamento dos principais fundadores das ciências da natureza desenvolvidas no início da modernidade.

O mecanicismo característico do final do século XVII tem algumas semelhanças com o atomismo, sobretudo por sua análise dos fenômenos da natureza em função do movimento dos corpos e de suas características físicas. Mas, ao contrário do atomismo, ele não mais concebe uma parte última e indivisível da matéria como elemento fundante da natureza, e sim as formas geométricas, que são divisíveis *ad infinitum*. A explicação formal predomina, assim, sobre um fundamento material, e a essência do mecanicismo será exatamente a possibilidade dessa abstração matemática da realidade, eliminando também qualquer conseqüência prática ou moral de suas teorias, marcante ainda na teoria atomista.

Junto com essa abstração, contudo, há um novo resgate da metáfora do livro da natureza, em especial por parte de Galileu, que em sua obra *O ensaiador*, de 1610, afirma que a linguagem própria deste livro da natureza que é o universo e cujos caracteres demandam apreensão prévia é exatamente a "língua matemática". Essa linguagem matemática é de fato a geometria, já que as chamadas "letras" do universo são descritas por Galileu como formas geométricas básicas: triângulos, circunferências etc. No entanto, é no âmbito da filosofia propriamente dita que o mecanicismo resulta em maior formalismo.

Também René Descartes, filósofo francês considerado o "pai da nova filosofia", compartilha da idéia de uma constituição geométrica da natureza, porém vai adiante ao reduzir o fundamento material de todo o universo à chamada "matéria extensa", ou seja, ao reduzir toda a matéria natural à forma pura da extensão. Essa extensão, observa ele em *Princípios da filosofia*, de 1644, é passível de receber todas as afecções possíveis resultantes do movimento de suas partes, pois que tem como principal propriedade ser divisível em infinitas partes. Todas as qualidades dos corpos materiais apreendidas por nossos sentidos, tais como dureza, peso, cor, etc., são reduzidas àquilo que Descartes considerava a verdadeira essência da natureza: a substância extensa. Essa substância não pode ser apreendida pelos sentidos; pode, porém, ser concebida matemática, ou, melhor, geometricamente, por meio de suas três dimensões. A explicação de Descartes para o movimento da matéria extensa aproxima-se de certa forma da explicação atomística, com a importante diferença de foco sobre a mudança de estados — que seria resultado da colisão das suas partes constituintes. Essa colisão, por sua vez, seria absolutamente acidental, obedecendo, entretanto, a uma determinada regularidade que tornaria possível nossa apreensão do movimento.

Se, por um lado, o mecanicismo cartesiano se afasta de uma concepção teleológica da natureza, tal como a de Aristóteles, por outro lado ele reforça de modo decisivo a analogia da natureza com uma grande máquina. Ele também utiliza a imagem de um imenso relógio cujo movimento, causado por um impulso inicial, seria capaz de manter-se em certa continuidade. A imagem de natureza como um autômato contrapõe-se à idéia de uma alma do mundo ou de natureza animada. A natureza como máquina não tem alma nem qualquer outro princípio imanente capaz de explicar seu movimento ou mesmo a existência da vida. Todos os fenômenos naturais, incluindo os de ordem orgânica e envolvendo também a anatomia humana, seriam explicados de forma mecânica a partir da regra da causalidade. Esta é, contudo, fundamentalmente exterior, pois, embora se constitua como lei que rege o movimento de toda a matéria extensa, baseia-se na idéia inicialmente atomística da colisão dos corpos, refinada agora pela teoria físico-matemática da transferência e do equilíbrio de forças entre os corpos que se chocam.

O problema desse tipo de concepção mecanicista é que por mais que o pensador racionalista do século XVII possa eleger como objeto de seu estudo a *natura naturata*, deixando praticamente de lado a *natura naturans*, sempre restará uma inevitável dúvida em torno do possível relojoeiro, ou seja, sobre a causa originária ou finalidade última dessa imensa construção chamada natureza. O enigma do relojoeiro inicia-se com a tese mecanicista de que só o movimento pode ser causa do movimento. Isso acarreta a idéia de uma corrente causal infinita, sobretudo quando seu defensor não deseja atribuir a causa originária às mãos sobrenaturais de um criador ou deus. Seja como for, o que está definitivamente perdido na concepção mecanicista é a antiga idéia de um círculo perfeito, a idéia de natureza como um todo sistêmico. Por outro lado, o que está em jogo em torno do enigma do relojoeiro ou da natureza como *moto continuum* é a própria idéia de determinismo. Perde-se o sentido da liberdade, em especial quando o ser humano é visto como mais uma engrenagem desse imenso mecanismo. Se a concepção mecanicista da natureza foi extremamente importante por alavancar o desenvolvimento das ciências empíricas da natureza, as críticas filosóficas suscitadas em reação à concepção mecanicista constituem o momento de maior maturidade jamais alcançado pela filosofia da natureza. A solução filosófica mais consistente surgida dessa crítica será implementada com o projeto schellinguiano da chamada física dinâmica ou física especulativa.

A libertação da natureza pela física dinâmica de Schelling

O projeto de uma nova física que substituísse a física mecanicista predominante na idade moderna surge de forma paradigmática no fragmento datado de 1796 ou 1797 e intitulado "O mais antigo programa de sistema do idealismo alemão", provavelmente concebido pelos jovens Georg Wilhelm Friedrich Hegel, Friedrich Hölderlin e Friedrich Wilhelm Joseph Schelling. Nesse pequeno texto é proposta uma espécie de síntese entre a objetividade do método de observação empírica da natureza e uma forma de racionalidade que deveria ser, acima de tudo, criativa. Essa síntese é descrita pela imagem da transformação de um ser vagarosamente rastejante em um ser alado. Nessa metáfora da metamorfose, a primeira forma simboliza a física mecanicista, e a segunda, a física especulativa. Diz o texto em tom poético e ao mesmo tempo subjetivo: "Eu gostaria de devolver as asas à nossa física, que caminha vagarosa e com esforço por meio de experimentos." As asas devolvidas à física a fim de libertá-la de seu peso e vagar decorrentes de um excessivo cuidado em ater-se ao método empírico seriam recuperadas de um passado que remete claramente ao conceito antigo de *physis.* O fragmento, porém, aponta essa libertação como um ideal a ser realizado em tempo futuro.

Ainda em de 1797 Schelling publica um importante escrito intitulado *Idéias para uma filosofia da natureza*, que atua como uma espécie de casulo, preparando a transformação do pesado conceito de natureza como máquina em outro, novo, mais leve e sobretudo mais livre. Essa obra inaugura uma série de textos escritos até 1812, que juntos desenham um dos mais belos vôos especulativos da idéia de natureza em toda a história da filosofia.

É importante salientar que a crítica de Schelling à ciência mecanicista não parte de uma simples relação de exterioridade com ela, pois o autor tinha profundo conhecimento teórico da ciência. Schelling estudou, além de filosofia e teologia, matemática, ciências naturais e medicina, e parecia sempre informado dos últimos resultados das pesquisas científicas de sua época no campo da física, da química e da medicina. Seu interesse aprofundou-se principalmente em relação às descobertas sobre a eletricidade e o magnetismo, com suas aplicações no campo da fisiologia. Exemplos de experiências científicas dessa época que causaram grande impacto sobre o pensamento de Schelling são a descoberta de Lavoisier, em 1775, sobre a constituição do ar por hidrogênio e oxigênio e os experimentos de Galvani com a eletricidade em 1791, que não só possibilitaram a transformação da energia química em energia elétrica mas também culminaram na descoberta da eletricidade animal.

Outras teorias científicas influenciaram Schelling em sua concepção filosófica da natureza, tais como a chamada "doutrina da excitação" (*Erregungslehre*), formulada pelo médico escocês John Brown, e a "doutrina do desenvolvimento" (*Entwicklungslehre*), do biólogo alemão Carl Friedrich von Kielmeyer. Brown definia a vida como um estado de excitação e concebia a doença como decorrência de um desequilíbrio de forças no organismo vivo. Kielmeyer fundou a anatomia comparada e estendeu seu conceito de "desenvolvimento" a todos os organismos vivos, em teoria descrita na obra de 1793 intitulada *Sobre a relação das forças orgânicas*. Seriam três as forças orgânicas fundamentais: a sensibilidade, a irritabilidade e a reprodução. Em uma passagem dessa obra, Kielmeyer parece antecipar um certo discurso ecológico de nossa contemporaneidade quando afirma que "A força pela qual o desenvolvimento do indivíduo acontece é a mesma força pela qual diferentes organizações da Terra são levadas à existência". Esse tipo de concepção encorajou Schelling a recuperar em sua filosofia da natureza a antiga idéia de um princípio imanente, abandonado pela ciência fundada apenas em uma relação causal exterior. Na fisiologia e na biologia emergentes, Schelling encontrou o respaldo necessário para sua idéia de natureza fundada menos na relação exterior de forças mecânicas e mais em sistemas orgânicos cíclicos.

A relação de Schelling com a medicina foi bastante fértil e, ao mesmo tempo, polêmica. Algumas de suas idéias afrontaram vertentes mais tradicionais da medicina, ainda fortes em sua época. Simultaneamente, Schelling colaborou e trabalhou com alguns importantes cientistas dessa área, sobretudo com o médico A.F. Marcus, com quem fundou em 1805 os *Anuários de Medicina como Ciência*, no qual são publicados, pela primeira vez, os *Aforismos sobre a filosofia da natureza* (alguns dos quais traduzidos no final deste volume). Esses anuários, editados até 1808 no total de seis fascículos, constituem a primeira realização de um projeto de aproximação entre teorias fundadas na ciência empírica da natureza e outras de cunho inteiramente filosófico. Os artigos ali apresentados tratam de temas que vão da febre amarela (Eschenmayer, 1806) à doutrina da alma (Schelling, 1807); do uso do ferro na medicina (Marcus, 1806) à força curativa da natureza (Walther, 1808), passando pela farmacologia (Oken, 1806). A síntese ensaiada ali entre a idéia de natureza e sua experiência científica é pela primeira vez teorizada por Schelling em seu escrito de 1797, a partir da concepção de uma "intuição intelectual" (*intellektuallen Anschauung*) que possibilitaria uma apreensão da natureza capaz de superar toda a reflexão abstrata ainda fortemente presente nas tradições filosóficas e científicas da modernidade, na medida em que intuída seria a própria inteligência ou o espírito imanente à natureza, descrita então apenas como "idéia objetivada". Ainda nessa obra de 1797, Schelling lançou uma de suas mais importantes máximas sobre a natureza, na qual a descreve como "espírito visível" e o espírito como "natureza invisível", propondo então uma "absoluta identidade do espírito *em* nós e da natureza *fora* de nós".

A síntese entre idéia de natureza e natureza objetiva é expressa de modo ainda mais elaborado no escrito de 1799, intitulado *Primeiro projeto de um sistema da filosofia da natureza*. Nessa obra, Schelling pretende superar a diferença entre *natura naturans* e *natura naturata* imposta por uma longa tradição reflexiva, através da idéia de um princípio de "produtividade" que seria o fundamento de todo movimento da natureza. Se, por um lado, tal como qualquer outro princípio filosófico, a "produtividade" não pode ser apreendida pela experiência, por outro, ao contrário dos demais princípios ideais, a natureza enquanto produtividade pode ser revelada por seus produtos, ou seja, na natureza enquanto objeto, que equivaleria à *natura naturata*.

A grande ousadia da filosofia da natureza de Schelling está exatamente em subverter a clássica idéia de natureza apenas enquanto objeto e, mais especificamente, a separação cartesiana entre a *res extensa* e a *res cogitan*, ou seja, entre a natureza e o sujeito. Schelling concebe a natureza também como sujeito, isto é, como atividade que produz seu próprio

qüentemente, só se efetiva ou se completa, para e em um ser capaz de intuir e de refletir, ou seja, para e no espírito humano propriamente dito. Com isso, Schelling explica como esse mesmo espírito teria sido conduzido, desde a Antigüidade, à "idéia de uma matéria auto-organizante" ou a "uma unificação originária do espírito e da matéria" nas coisas da natureza. A conseqüência principal dessa nova concepção histórica e ao mesmo tempo "genética" (*genetisch*) de natureza está no que Schelling caracteriza como "inversão de todo dogmatismo a partir de seu fundamento", pois o círculo sistemático que insere o espírito humano no cerne da história evolutiva da natureza é o mesmo que estabelece a continuidade entre o pensamento filosófico e a própria razão imanente à natureza. A filosofia, segundo Schelling, é "uma *doutrina da natureza de nosso espírito*". Com isso também ele resolve o problema da separação entre experiência e especulação. Especular sobre a natureza é experimentá-la através de nosso espírito, cujo sistema é concomitante ao da natureza, ou seja; é tomar consciência de que a relação entre ambos é análoga à de dois espelhos que, posicionados um de frente para o outro, multiplicam seu reflexo ou suas imagens ao infinito.

No *Primeiro projeto de um sistema da filosofia da natureza*, Schelling descreve a atividade absoluta da natureza como co-presença de dois princípios opostos que lembram aqueles descritos por Aristóteles para explicar o movimento da *physis*. O primeiro teria uma característica mais subjetiva, pois consistiria no princípio da produção; o segundo, mais objetivo, ele denomina princípio da resistência (*Hem-*

mung). A dualidade de forças, presente na constituição tanto da natureza quanto do espírito, acompanha o pensamento de Schelling por um período abrangente de sua obra. A tese schellinguiana do dualismo fundamental da natureza acaba também por reforçar a imagem de circularidade do processo de desenvolvimento da natureza enquanto ciclo infinito de produção. Essa imagem, porém, ganha profundidade pela necessidade que esse filósofo tem de explicar a evolução, ao longo do pensamento filosófico sobre a natureza, da compreensão desse dualismo originário para a dicotomia presente no pensamento reflexivo responsável por criar um dos problemas mais difíceis da filosofia: a dúvida acerca do conhecimento verdadeiro ou, antes, a absoluta distinção entre sujeito e objeto. A questão que se coloca é a seguinte: como é possível que a natureza — essa totalidade absoluta que, desde sua origem, realiza a unidade entre o objetivo e o subjetivo — seja apreendida e transformada, pelo pensamento humano, na forma unilateral de um objeto completamente distinto do sujeito, agora centralizado apenas no próprio pensamento humano?

A resposta de Schelling a essa questão parte de sua coerência em considerar a natureza como absoluta e, conseqüentemente, responsável por todos os seus processos internos, incluindo o desenvolvimento do pensamento humano enquanto uma de suas potências. Considerar a natureza em sua objetividade é considerá-la apenas em sua superfície (*Oberfläche*), explica Schelling. Mas a natureza enquanto totalidade é uma imensa esfera. Por outro lado, a superfície não está "fora" da natureza, é apenas seu lado mais aparente, aquilo que não podemos apreender superficialmente por nossa reflexão dicotômica, ou seja, a profundidade oculta da natureza é uma espécie de sujeito, de ato absoluto e eterno de produtividade. A inevitável comparação com a imagem de nosso planeta só é interessante para indicar a distância (geométrica) entre superfície e centro de uma esfera cósmica. Schelling, entretanto, não pensa literalmente no planeta. Para ele a natureza subjetiva não é algo material e sim apenas ideal. O princípio da produtividade imanente à natureza é em parte responsável por todo o movimento existente, não enquanto um primeiro motor contínuo — o que novamente traria a representação linear do movimento —, mas apenas na medida em que esse princípio se encontra em eterna relação dinâmica com seu princípio contrário, que é uma espécie de princípio de antiprodutividade ou de obstáculo para a produção. É só a partir dessa dinâmica que o movimento de organização da natureza se fecha em um ciclo infinito. O obstáculo à produtividade capaz de fazê-la voltar-se contra si mesma formando um círculo infinito encontra-se exatamente na superfície material da natureza, em sua objetividade.

Schelling substitui, assim, a idéia atomista de que o movimento surge da colisão dos corpos e a teoria da física mecanicista segundo a qual as forças de atração e repulsão também se originam da interação de forças das partículas da matéria por uma teoria de que a matéria se auto-organiza em função da interação do princípio subjetivo de produtividade da natureza e de seu princípio objetivo de contenção dessa produtividade.

A fim de explicitar sua recusa da teoria mecanicista de causalidade exterior para explicar o movimento dos corpos, Schelling recorre, especialmente em sua obra de 1797, à tese adotada pela filosofia de Leibniz da harmonia preestabelecida do mundo, capaz de unificar o todo não como algo que domina e oprime a multiplicidade de coisas do universo, mas sim um pensamento que as apresenta como absolutas em si mesmas e existindo, ao mesmo tempo, no absoluto, ou seja, no todo que é a natureza. Como exemplo da equivocada redução dos fenômenos originalmente dinâmicos da natureza a uma relação meramente mecânica promovida pela ciência da natureza moderna, Schelling toma a teoria da gravidade universal de Newton, que se basearia na compreensão limitada de que a gravitação de nosso planeta é causada por sua atração pelo sol ou por outros corpos celestes; segundo Schelling, porém, a verdadeira gravitação se dá em relação à substância absoluta que é a própria matéria em sua forma pura. Schelling explica o movimento dos corpos não simplesmente pela teoria de uma gravitação universal fundada em cálculos matemáticos e mecânicos, mas afirma que a gravidade interage de modo decisivo com a luz, de modo a juntas provocarem o movimento dos corpos na natureza. A relação dialética entre gravidade e luz ou entre matéria e luz pode parecer estranha, principalmente quando situada em um período da história em que muito pouco se sabia sobre o fenômeno e a própria constituição da luz, dividida ainda entre a teoria da onda e a idéia de sua materialidade. Pela tese da unidade de gravidade e luz, Schelling se propõe a aproximar os processos naturais que ocorrem no interior dos seres orgânicos com os movimentos considerados simplesmente físicos. E não apenas isso. Para ele, não é possível eliminar o fenômeno da luz de nenhum processo existente da natureza, e não porque a luz fosse capaz de sozinha promover o movimento de um corpo inanimado nem porque corpos animados não se pudessem mover durante a noite devido à ausência de luz. O que Schelling começa a elaborar é uma complexa teoria sobre o que mais tarde se compreenderá apenas como energia.

A chamada "identidade universal" entre gravidade e luz pode ser igualmente compreendida a partir da relação dinâmica de duas tendências opostas que se manifestam em uma dimensão ainda mais profunda da natureza. Juntas, elas constituem um único princípio imanente a todos os corpos do universo, capaz de produzir todo o movimento da natureza em torno da matéria. Essas duas tendências, descritas como centrífuga e centrípeta, constituem, segundo Schelling, "duas unidades da idéia", enquanto o "ritmo e a harmonia do movimento surgido delas" constituem "o reflexo da vida absoluta de todas as coisas". Entretanto, esse movimento não pode ser apreendido por um modo de pensar reflexivo, que costuma cindir a natureza em partes inconciliáveis, eliminando, assim, qualquer vida ou alma da natureza e reduzindo a matéria a uma presença morta.

A recusa em relação à concepção atomística da natureza apresenta-se na filosofia da natureza de Schelling, em especial por seus principais pressupostos, que são o conceito de vazio e a idéia de um corpúsculo indivisível. O problema deste último conceito não está na idéia da indivisibilidade.

O próprio Schelling admite um certo conceito de átomo não para descrever uma partícula material, mas como figura do pensamento que representa uma entidade dinâmica, impossível de ser apreendida empiricamente, mas cujos dinamismo e movimento podemos racionalmente compreender. O que Schelling critica no conceito mecanicista de átomo é a impossibilidade de ele ser pensado como detentor das forças fundamentais da matéria responsáveis por sua integridade e por sua desintegração. O átomo dinâmico de Schelling conteria em si mesmo essas forças; por isso não seria uma partícula indivisível, e sim uma figura ideal. Essas forças, porém, já não seriam mais as que regiam a mecânica da física newtoniana, ou seja, a coesão e a repulsão, definidas a partir da relação entre dois corpos externos. As forças opostas fundamentais que regem também a constituição dos átomos são agora aquelas da produtividade e da contenção desta, ou antiprodutividade.

Principalmente a partir da aproximação com o físico e químico alemão J.W. Ritter, autor de um importante trabalho publicado em 1798 em que pretendia demonstrar, no processo da vida dos animais em geral, a existência de um fenômeno que denominou "galvanismo constante", ou seja, de processos envolvendo a eletricidade e a transformação química da matéria, Schelling aprofunda cada vez mais suas especulações filosóficas sobre processos antes restritos ao mundo físico, aproximando-os dos fenômenos ligados à geração e à manutenção da vida. Algo que hoje a ciência considera absolutamente indiscutível, como as relações entre os processos elétricos, químicos e fisiológicos do corpo, constituía então material de pesquisas polêmicas e revolucionárias. Em sua liberdade para especular e criar teorias fundadas apenas na racionalidade, o filósofo da natureza possui uma vantagem em relação ao cientista. Um dos saltos teóricos realizados por Schelling e que preparou o terreno para uma nova forma de pensamento evolutivo sobre a natureza diz respeito à idéia de auto-organização expressa em sua teoria sobre diferentes potências e dimensões da natureza.

A teoria schellinguiana das diferentes dimensões da natureza

Apresentada inicialmente em 1799, a teoria de Schelling das potências descreve um processo de desenvolvimento da natureza, cujo primeiro momento consiste no que ele denomina "construção do universo" (*Weltbau*). Já nessa etapa há uma divisão do mundo em dois planos paralelos, sendo um uma espécie de reflexo ou plano refletido do outro, tal como um espelho. O primeiro deles constitui o plano universal propriamente dito, também chamado de macrocosmo; o segundo, ao contrário, é o plano singular ou microcosmo. Este último se manifesta na formação, ou seja, na constituição das formas de todos os corpos da natureza — a "série dos corpos" (*Körperreihe*), segundo o filósofo. Ambos os planos são idênticos, na medida em que, juntos, são responsáveis pelo que Schelling nomeia "formação-em-um" ou "imaginação" (*Einbildung*) do infinito no finito, de modo que cada novo corpo formado no universo é ele mesmo o reflexo finito da infinitude da totalidade.

Esse momento do autodesenvolvimento da natureza corresponde a sua primeira potência. O termo potência possui conotação não apenas filosófica, que poderia ser associada com o conceito aristotélico, mas fundamentalmente matemática e sobretudo geométrica. Cada potência da natureza tende a elevar-se a outra potência e, ao mesmo tempo, a desdobrar-se em outra dimensão. No caso da primeira potência, além do processo construtivo da formação da série dos corpos, surge paralelamente outra relação dialética entre o finito e o infinito, descrita por Schelling como "formação em retrocesso" (*Zurückbildung*), na qual o processo inverte sua direção, passando a se dar "do particular em direção ao universal" ou à "essência", dando origem, assim, à segunda potência. Essa segunda potência estaria, segundo Schelling, ainda subordinada à primeira potência ou à primeira unidade entre o infinito e o finito, à potência formadora e propriamente dominante. No nível da segunda potência há novamente uma duplicação de planos: um universal e outro particular. O primeiro plano corresponde à luz, o segundo, ao corpo. Nesse nível do processo de formação da natureza, correspondente à segunda potência, a relação entre os planos opostos não é apenas especular, tal como na primeira potência, pois o que existe é uma incidência de um sobre o outro, que tem como resultado sua constituição mútua. Aqui, contudo, não se trata de nenhuma relação causal externa, pois o corpo não pode ser sem a luz, e a luz não pode ser sem o corpo.

Nessa concepção de uma relação fundamental entre o corpo e a luz, Schelling já aponta para a necessidade de integrar várias dimensões da matéria. A luz é o elemento cuja força predominante é a expansão, contrária à força de coesão que predomina no corpo. A relação dinâmica de ambos os elementos dessa segunda potência gera, assim, uma espécie de equilíbrio não estático entre a integridade do corpo e sua possibilidade de movimento. A incisão do plano universal da luz sobre o plano das singularidades dos corpos é imediatamente capaz de elevar de novo essa singularidade, que constitui o próprio plano da finitude, a uma universalidade infinita, ou seja, a uma nova potência ou a uma nova dimensão da matéria, capaz de integrar as duas unidades anteriores, mediante a síntese absoluta entre matéria e luz. Essa nova dimensão da matéria, correspondente a sua terceira potência, constitui o organismo vivo.

O ponto culminante da chamada "física dinâmica" concebida por Schelling encontra-se, portanto, em sua concepção da natureza orgânica. Essa posição de destaque do organismo não implica uma corrente causal, em que a natureza orgânica seria mera conseqüência do movimento da matéria inorgânica, semelhante ao pensamento atomista e mecanicista, que definia como causa do movimento de todos os seres a colisão das partículas elementares indivisíveis, ora entendidas como átomos, ora como elementos geométricos da matéria extensa. Na filosofia da natureza de Schelling, o organismo se revela não como efeito ou resultado do movimento aleatório da matéria, mas como fundamento da natureza em sua totalidade. Pode-se interpretar o predomínio do conceito de organismo na filosofia da natureza de Schelling apenas como analogia entre a organização da matéria orgânica e a ordem cósmica universal. Entretanto, mais do que um simples recurso de linguagem, Schelling encontra no conceito de organismo uma espécie de simbolismo concreto no interior da própria natureza. Este consiste em um processo de formação de imagens naturais (e não apenas de formas ideais) que está presente em toda a produção e no desenvolvimento dos produtos da natureza, os quais, por sua vez, são capazes de refletir ou de espelhar a gênese desse processo, ou seja, seu princípio próprio de produtividade.

Schelling afirma, então, uma espécie de indiferença entre o momento da criação do mundo e seu resultado como produtos da natureza — o que muitas vezes foi interpretado como um tipo de panteísmo ou mesmo de misticismo, no qual a natureza seria novamente divinizada. No entanto, essa indiferença entre produtividade e produtos não exclui por completo a possibilidade de pensá-los como diferentes momentos da natureza. Um em que ela é sujeito, outro em que ela é objeto. Natureza producente e natureza produzida são apenas dois aspectos de um único todo sistemático.

Com essa ampliação radical, Schelling também retoma a metáfora do livro sagrado da natureza, mas dessa vez não mais a partir do dogma do criacionismo monoteísta cristão, nem tampouco a partir da idéia de um código matemático, tão típica da moderna ciência da natureza. "O que chamamos natureza", afirma Schelling em seu texto de 1800 intitulado *Sistema do idealismo transcendental*, "é um poema, que se encontra trancado em um maravilhoso escrito secreto". A escrita em questão não é mais simplesmente uma linguagem cifrada que exigiria a interpretação correta de um místico ou de um matemático, mas é a expressão poética que constitui simultaneamente um meio de revelação e de ocultamento da idéia. Por isso o modo de produção natural, enquanto ato de ser próprio da natureza, consiste em um processo de auto-organização.

É também em 1800 que Schelling funda uma importante revista científica intitulada *Periódico para Física Especulativa*, na qual dá continuidade a seu projeto de integração da filosofia e de algumas teorias científicas sob o ponto de vista especulativo, com ênfase especial nos processos dinâmicos ligados a fenômenos físico-químicos. Essa integração é filosoficamente desenvolvida em 1804 na obra intitulada *Sistema da filosofia como um todo e da filosofia da natureza em particular*, em que Schelling elabora sua teoria das várias dimensões da matéria em correspondência com a das potências e utiliza como princípios para essa conexão os fenômenos do magnetismo, da eletricidade e do quimismo. Cada potência da natureza se desdobraria em três diferentes dimensões. A gravidade, ou o peso da matéria (*das Schwere*), é descrita a partir não de uma relação exterior das forças de atração e repulsão, mas de sua dupla relação com o fenômeno do magnetismo e com os elementos químicos envolvidos na constituição própria de nosso planeta, especialmente o carbono e os metais.

O fenômeno do magnetismo não é explicado por Schelling como causa da gravidade, mas como modo sensível de sua manifestação. Esse fenômeno é estendido desde o nível microcósmico da relação de atração entre dois elementos químicos, como, por exemplo, o hidrogênio e o oxigênio formando a substância água, até o nível macrocósmico da relação de forças responsável pelo alinhamento dos planetas. O princípio do magnetismo rege a chamada primeira dimensão da matéria não apenas porque estabelece uma relação linear entre todos os corpos da natureza, mas principalmente porque consiste em um força interna à própria matéria. O magnetismo é, segundo Schelling, o princípio de coesão da matéria cuja lei não é mais, por exemplo, a impenetrabilidade ou a indivisibilidade, e sim o impulso primordial de um pólo para tornar-se uno com seu pólo contrário. Já o princípio oposto da eletricidade, dialeticamente complementar ao magnetismo, manifesta-se também como luz, que por sua vez entra necessariamente em contato com a matéria em sua forma de massa submetida ao peso da gravidade. Por fim, os processos químicos constituem-se, segundo Schelling, a partir da combinação desses dois princípios anteriores, os quais estabelecem as forças de coesão e de expansão ou dissolução da matéria.

O organismo nada mais é do que a natureza que se tornou totalmente autônoma, interiorizando todos os processos de síntese da matéria, especialmente os químicos, entendidos então como resultado da interação das relações dinâmicas contidas no magnetismo e na eletricidade. É uma potência da matéria que internaliza o processo de individuação presente desde o início da construção do universo. É a matéria animada pela energia da luz, a qual, por sua vez, se combina com a força fundamental da gravidade dando origem a duas tendências opostas que atuam dinamizando a matéria com um movimento potente fundamental. Essas tendências são descritas por Schelling como um movimento centripetal e um centrifugal. Contidos no interior de cada organismo, esses movimentos correspondem àqueles princípios opostos fundamentais da matéria: a coesão e a expansão. Dessa nova relação dinâmica no interior do organismo, surge não apenas o movimento dos corpos ou dos corpúsculos, ou da matéria, mas os corpos propriamente ditos, uma nova matéria, em uma nova forma orgânica. O organismo é, assim, matéria que se organiza sensibilizando-se, excitando-se e reproduzindo-se.

O conceito de organismo como a grande síntese da natureza

O conceito de organismo, enquanto princípio de organização extensivo à natureza como um todo, não é criação exclusiva da filosofia da natureza de Schelling. Como tivemos oportunidade de mostrar brevemente, essa é uma idéia antiga, que remete aos gregos e a sua compreensão da integração de *logos* e *physis*, e que está presente desde Platão pela idéia de alma do mundo, muitas vezes retomada na história da filosofia. Historicamente bem próximos de Schelling, dois importantes pensadores alemães com certeza influenciaram sua concepção orgânica de natureza: Johann Gottfried Herder e Alexander von Humboldt.

No primeiro volume de sua obra intitulada *Idéias para a filosofia da história da humanidade*, de 1784, Herder descreve a atuação das chamadas "forças orgânicas" no interior da "criatura", ou seja, do ente natural. Essas forças seriam responsáveis por "novas formações" (*Bildungen*). O termo *Bildung* é exatamente o mesmo empregado por Schelling para descrever o processo de formação da natureza.

A semelhança entre ambos não se reduz à mera coincidência de conceitos. Herder, assim como Schelling, utiliza freqüentemente uma linguagem poética para descrever o processo de formação, que segundo ele se apresenta de modo contínuo no interior do próprio organismo. Ele diz, por exemplo, que esse processo dá origem ao "florescimento da vida" (*Blüte des Lebens*). Com essa expressão poética, Herder se refere ao mesmo tempo à aparição, à preservação e à reprodução da vida. Outra interessante concepção de Herder, que nos remete imediatamente aos primórdios da mitologia grega, encontra-se em sua idéia de caos. Ainda na obra de 1784 sobre a história da humanidade, Herder descreve a "bela criação" da natureza como um "trabalho" feito sobre si mesma, que tanto tende para o caos quanto dele se destaca. Na seqüência dessa apresentação contraditória do processo de formação da natureza, Herder compreende o organismo envolvido em seu próprio processo de "refinamento" e "amadurecimento", e finalmente estende esse conceito para o planeta inteiro. A partir dessa concepção organicista da natureza, Herder recupera uma antiga visão mítica do planeta, ao mesmo tempo em que antecipa uma importante tese schellinguiana, ao afirmar que a Terra é um "grande organismo". Segundo ele, contudo, esse "grande organismo da Terra", assim como todo ser vivo, necessitará um dia encontrar seu próprio "túmulo"; mas dele se erguerá novamente, em direção a uma nova e mais perfeita figura. A concepção holística e evolucionista de Herder sobre o processo contínuo da formação da natureza não exclui, portanto, o lado negativo da finitude. Segundo seus pontos de vista, a criação da natureza, que tem como princípio um ato de violência denominado por ele "violência do criador", logo se revela como "arte completa ou perfeita". Essa arte estaria diretamete ligada ao que Herder chama de "espírito formador" (*bildende Geist*), que "se incorpora" em absolutamente todas as coisas. A natureza é finalmente concebida como o "poder dos elementos" que se encontram "ligados em um ciclo ou circuito (*Kreislauf*) de organizações determinadas", e do qual ela nunca se retira.

Alexander von Humboldt, importante pesquisador de diversos fenômenos naturais, também possui uma concepção de organização da natureza claramente inspirada na filosofia grega antiga. De acordo com sua obra de 1806, intitulada *Latium e Hellas ou: Considerações sobre a Antigüidade Grega*, Humboldt acredita encontrar na Grécia antiga não apenas reciprocidade entre os conceitos de vida e organização, mas também e especialmente a relação desses conceitos com a atividade da fantasia (*Phantasie*). Segundo ele, os gregos antigos teriam concebido o orgânico a partir do que nomeia "força formadora a partir do interior" (*bildende Kraft*). Essa idéia aproxima-se etimológica e conceitualmente da idéia schellinguiana de imaginação (*Enbildungs-*

kraft), que também se traduz como "força de formação-em-um" e como força ou faculdade da imaginação. A interpretação humboldtiana do conceito de organismo grego antigo tem nítido reflexo sobre a crítica ao conceito mecanicista de natureza assumida por Schelling. Nessa mesma obra sobre a Antigüidade clássica, Humboldt revela de forma indireta sua própria concepção filosófica de natureza, ao enumerar três modos de ser absolutamente incompatíveis com a concepção grega antiga de organismo: 1º "Aquilo que não se encontra na clara relação recíproca da parte com o todo"; 2º "Aquilo que não subordina sua matéria e mesmo sua forma à idéia de um todo"; e 3º "Aquilo que não respira uma força interior e livremente atuante".

A partir desse terreno fértil deixado por Herder e Humboldt, mas também por vários outros pensadores e poetas do século XVIII que ousaram recuperar uma noção menos abstrata de natureza, tais como Goethe e Novalis (dos quais é difícil falar sem uma descrição mais aprofundada de suas idéias), Schelling constrói seu próprio conceito de organismo em direção a sua última radicalização: a dissolução ou, ao menos, a suavização da fronteira que separa os seres animados e os seres inanimados.

O conceito schellinguiano de organismo não realiza nenhuma nítida ruptura com o momento anterior do processo de formação da natureza, ou seja, com a dita matéria inanimada, pois, para ele, todos os processos envolvidos nesse momento de formação já implicam um movimento de organização interior. A concepção schellinguiana de organicidade no interior da matéria inorgânica foi muitas vezes compreendida como uma grande contradição, um insolúvel paradoxo. Como é possível pensar que a matéria viva antecede a matéria inorgânica no interior de um sistema que concebe o organismo com último momento do desenvolvimento da matéria? Na verdade, é o próprio Schelling quem irá desenvolver, em sua obra de 1798, intitulada *Da alma do mundo — uma hipótese da física superior para explicação do organismo universal*, uma série bastante complexa de questionamentos sobre essa relação entre a matéria e a origem da vida, cujo resultado final consiste na idéia aparentemente tão atual de auto-organização.

Além de significar a recusa de qualquer causa alheia para o movimento da natureza, essa idéia, implica também a tese revolucionária sobre a liberdade na natureza. A idéia de uma ordem imanente à matéria organizada constitui para Schelling o símbolo do chamado "ato de conhecimento absoluto na natureza eterna", ou seja, da razão em seu sentido absoluto enquanto *logos* universal. No organismo, o universal e o particular se encontram agora completamente indiferentes, do mesmo modo que nele matéria e luz se encontram plenamente identificadas. Isso porque, no organismo, todo processo de desenvolvimento da vida envolve um ciclo de relações recíprocas, elementares à matéria, que vai da oposição das forças magnéticas, passando pela relação entre consumo e produção de energia elétrica, até culminar na complexa dinâmica das reações químicas, capazes de sintetizar nova matéria, possibilitando a manutenção da vida. O conceito de organismo é assim definido como uma sucessão de causas e efeitos que, fechada no interior de um certo todo, flui de volta para si mesmo, formando um ciclo não apenas restrito ao sistema interno da organicidade mas, ao mesmo tempo, expandido e aberto, na medida em que reflete o sistema da natureza como um todo ou que simboliza a ordem absoluta do universo.

Conclusão: a filosofia da natureza hoje

Optamos aqui pelo recorte de alguns momentos da história da filosofia importantes para a formação de uma concepção de natureza que acreditamos ter seu momento culminante na filosofia do jovem Schelling. Outros recortes poderiam ter sido feitos, especialmente aquele que focaliza o pensamento da natureza de nosso conturbado momento histórico. Como testemunhas desse novo século, marcado ainda pela eficiência da ciência e pela nova revolução no uso dos meios de informações, muitos de nós tendem a formar uma visão catastrófica sobre a futura condição da natureza e de nosso planeta. A crescente escassez de recursos naturais fundamentais, como a água; as mudanças, já empiricamente verificáveis, das condições climáticas, decorrentes do desequilíbrio químico na economia natural que envolve o binômio produção e consumo; sem esquecer os antigos problemas que aparentemente envolvem apenas o homem, como as disputas territoriais, políticas e religiosas; todos esses fatores levam os homens e as mulheres da ciência a emitir um alerta sobre o perigo da autodestruição da humanidade. Junto com essa consciência, tem-se desenvolvido, desde os meados do século passado, movimentos reivindicatórios da preservação da natureza. A ecologia transformou-se em uma ciência tão respeitada quanto as outras, deixando, há muito, de ser um ideal romântico de indivíduos contrários a um determinado sistema econômico vigente. Felizmente, a consciência sobre o ecossistema do planeta tem crescido de modo paulatino ao redor do mundo. Seres humanos já iniciaram a construção de valores éticos menos antropocêntricos, e os sistemas de produção industrial passaram a incluir em suas agendas práticas ecologicamente corretas.

Estamos ainda longe de encontrar soluções efetivas para o complexo problema da relação entre os seres humanos e a natureza. Muitos ainda parecem acreditar que existem problemas econômicos, sociais e políticos cuja solução é prioritária em relação à preservação do meio ambiente. E é exatamente neste nosso cenário histórico que considero essencial a revisão filosófica do conceito de natureza por um fio condutor que busca harmonizar os vários momentos de desenvolvimento dos seres naturais. A simples compreensão da natureza que inclui nossa própria espécie em seu imenso ciclo organizado pode em muito ajudar a recuperar um novo sentido de liberdade. Uma liberdade menos egoísta e mais solidária, menos restrita ao ego humano e mais voltada ao universo. Breve chegará o dia em que compreenderemos a profundidade da máxima escrita por Schelling em 1809: "Só quem experimentou o gosto da liberdade pode sentir a exigência de tornar tudo análogo a ela, de expandi-la sobre todo o universo."

Seleção de textos

F.W.J. Schelling, *Aforismos para introdução à filosofia da natureza* Aforismos 55 a 80 (as notas de rodapé são do original).

c) Sobre a indivisibilidade do conhecimento racional ou sobre a impossibilidade de abstrair ou de deduzir algo da idéia de absoluto

55. Mal a idéia de deus nasceu da plenitude da razão, aproxima-se o entendimento para tomar parte nesse bem. Ele gostaria de considerar separadamente isso que naquela idéia é posto eterna e absolutamente como um, e também gostaria de dar realidade, fora da unidade, àquilo que tem realidade apenas *na* unidade. Toda abstração, como esta, manifesta sua nulidade imediatamente pela contradição que tem como acompanhante necessária.

56. Vocês acham que com essa contradição — na qual a idéia se dissolve, na medida em que sua unidade imediata é suspensa — estão lutando contra a razão e contra a idéia, mas, na verdade, vocês estão revelando apenas sua essência mais interior. O que foi, e ainda é, revelado é exatamente que o entendimento não pode afirmar, para (ou por) si, nenhum dos opostos possíveis, sem contra-

dição; que, contra cada um deles, é oposto um outro igual, com igual direito, e que apenas a unidade indivisível da idéia tem verdade em sua indivisibilidade.

57. Sobre a idéia racional de deus, de que ele é a afirmação infinita de si mesmo, o entendimento gostaria, inicialmente, de separar o afirmativo e o afirmado e [então] de conceber, para si, deus, ora como um, ora como o outro. Porém, de cada um desses dois membros, no interior dos quais a idéia parece resolúvel, o contraditório se deixa demonstrar, exatamente pela idéia.

58. A idéia de que deus é a afirmação infinita de si mesmo parece resolúvel em duas conseqüências. 1ª: deus afirma a si mesmo infinitamente; 2ª: deus é afirmado de si mesmo. Se vocês observarem a primeira por si, será impossível que deus se afirme a si mesmo, pois o afirmativo (o conceito) é sempre maior do que o afirmado (a coisa). Deus, porém, enquanto afirmando a si mesmo, é propriamente igual (apenas um e o mesmo) a deus enquanto afirmado de si mesmo. Deus não se compreende a si mesmo, porque ele não pode ser maior do que ele mesmo é. Portanto, a proposição: deus se afirma a si mesmo, tomada por si, é, em virtude da própria idéia, uma proposição impossível. O mesmo vale para seu oposto. Deus tampouco pode ser o afirmado de si mesmo; ele é incompreensível a si mesmo e não é compreendido, porque não pode ser menor do que ele mesmo, porque ele não é um diferente, mas apenas um e o mesmo.

59. De modo equivalente, qualquer que seja sua expressão, se vocês destacam o membro singular da identidade nela expressa, cada afirmação possível da razão pode ser dissolvida em contradição, de modo que o [membro que foi] abstraído não pode ser posto nem pode deixar de sê-lo. Em virtude, por exemplo, da idéia de absoluto: se ele fosse aquilo de cuja essência é também o ser, então nenhum *ser* poderia ser atribuído a deus; pois o ser enquanto tal é apenas em oposição à essência; em deus, porém, ele é absolutamente um com a mesma. Assim também o ser de deus não pode ser negado, por esse motivo e exatamente porque o ser é nele o mesmo com a essência.

60. Na proposição deus é unidade e totalidade, a unidade não pode ser posta para (ou por) si. Deus não é pura e simplesmente o uno; pois o uno o é apenas em oposição ao múltiplo. Em relação ao propriamente uno não há, entretanto, nenhum múltiplo. Então, essa idéia se supera, e deus também não é uno. Por conseguinte, ele também não é não uno ou múltiplo.

61. Portanto, todo conhecer não é nada além de um afirmar. Antes de tudo, a ciência buscou a arte, em que o ser inclui o conhecer, e o conhecer, o ser. Como seria possível uma unificação mais perfeita entre ser e conhecer, exceto na idéia da substância universal? Na idéia de deus, cujo ser é a infinita afirmação de si mesmo, e que, portanto, inclui em si, e certamente de modo infinito, o conhecimento, e cujo conhecimento (inclui), em contrapartida, o ser. Mas, justamente por isso, é impossível

atribuir a deus, em particular, um ser ou um conhecer. Pois a auto-afirmação de deus é infinita. Então, o cognoscente e o conhecido são *um e o mesmo* nele,* não havendo desse modo nenhum conhecer em deus. De forma semelhante, deus também não é a *negação* de todo o conhecimento, um absoluto completamente cego, um mero ser. Pois o ser é, enquanto tal, apenas em oposição ao conhecer. O ser de deus é, porém, a infinita afirmação de si mesmo, e não a negação do conhecer.

62. O mesmo se deixaria mostrar no sentido mais universal da oposição do ser e do agir. Em deus, não há nem agir, nem negação do agir. Não há agir, porque a infinita auto-afirmação de deus é correlativa do *ser* de deus, e é ela própria esse ser (61). O agir também não é *negado* em deus, porque ele é, no ser, a afirmação infinita de si mesmo. Assim, a circunferência do círculo pode ser considerada um ser, mas, enquanto ser, ela inclui em si um agir, a saber: o absoluto autoconhecimento da unidade como totalidade.

63. Essa pequena consideração (55-63) basta para provar que a idéia do absoluto contraria aquela abstração, que ela é pura e simplesmente indivisível, e que, portanto, é impossível desenvolver, a partir dela, algo qualquer por meio de análise ou abstração.

---

* Pois na auto-afirmação de deus o cognoscente e o conhecido são um e o mesmo [correção feita por Schelling em seu exemplar manuscrito e inserida em nota pelo editor alemão].

64. A proposição de que o absoluto não tem nenhum predicado* é totalmente correta, na medida em que o predicado só é possível em oposição ao sujeito (uma oposição que é impensável em deus), e também na medida em que, a cada predicado possível, pode ser oposto outro. Mas nada que possa estar em relação — portanto, nada que possa estar em oposição — é afirmável por meio da razão (36) e de deus.

65. O absoluto pode, por isso, ser eternamente expresso apenas como absoluta identidade puramente indivisível do subjetivo e do objetivo, cuja expressão é igual àquela da infinita auto-afirmação de deus (36) e o descreve.

66. A razão não põe, nessa idéia, a negação dos opostos nem os opostos efetivos. Não põe a unificação, porque, se assim o fizesse, a própria unidade seria meramente negadora e, por conseqüência, condicionada. Os opostos são, porém, extintos naquela idéia não de forma negativa, mas positiva. Não é sua diversidade que é negada, mas sua absoluta identidade que é posta. Isso não significa, contudo, que o contrário seja válido, ou seja, que os opostos sejam postos como efetivos naquela idéia. Eles

---

* O autor dos famosos *Aforismos sobre o absoluto*, que devem ser uma paródia da chamada mais nova filosofia, porém depois fielmente reescritos por opositores da mesma, também registrou essa proposição. Entretanto seria para ele, especialmente também nessa relação, recomendável uma leitura mais exata do artigo "Sobre a relação do ceticismo com a filosofia e suas diferentes modificações", que está no *Jornal Crítico de Filosofia*, vol.1, p.2.

não o são, porque sua identidade positiva é posta, e eles também não o são, porque sua negação não é posta.

67. A identidade absoluta do subjetivo e do objetivo não pode ser um mero equilíbrio* ou uma síntese, mas apenas o ser-uno total.

68. Tentamos elucidar, mediante alguns exemplos, essa diferença, evidentemente muito clara em si, mas não para a maioria. O ponto de apoio de uma alavanca representa o equilíbrio de duas forças opostas. Ele é o unificante de ambas, mas não é, de modo algum, sua identidade absoluta. É o que é, ou seja, um ponto de repouso relativo apenas às duas forças opostas, não em si mesmo. Nele, essas forças opostas se reduzem mutuamente a zero, mas ele mesmo, enquanto tal, não é o zero *positivo* de ambas.

69. Exemplos do absoluto ser-uno de opostos são dados necessariamente por toda a natureza, e, em abundância, por todas as ciências. Mesmo aquele que tentasse conceber a matéria apenas da maneira mais simples, a partir da contração e da expansão, nunca atingiria uma matéria real enquanto considerasse opostas cada uma das duas forças, tal como aquelas de uma alavanca, e se de imediato pensasse a matéria não inteiramente mas, em *cada ponto*, como expansiva e como atrativa.

---

* Um equilíbrio de opostos é o mais elevado, para o qual se pode estabelecer relação: por isso esse equívoco da idéia por parte daqueles que nada concebem além de relações. A maioria contestou, pois, esse produto de seu desentendimento. Mas o que se deve julgar sobre aqueles que não querem discutir contra isso, mas — com isso — contra mim?

70. Se pensarmos em um instrumento do sentido, por exemplo, em um órgão da visão, esse é, em cada ponto de sua essência, um ser e um ver, e é obviamente apenas um. O ver e o ser se relacionam entre si não como dois fatores que se reduzem a zero. Além disso, obviamente, o órgão não é apenas ser, abstraído do ver — se o fosse, ele seria apenas matéria. Tampouco ele é somente ver, abstraído do ser — se o fosse, não seria órgão. Ao contrário, ele é totalmente ser e totalmente ver. Ele é, *no* ser, também um ver, e *no* ver, também um ser.

71. A idéia do círculo é puramente simples e indivisível. Mesmo que o centro e a circunferência já se encontrem espacialmente (no círculo concreto) fora um do outro, na idéia do círculo eles são obviamente um. Do círculo não se pode fazer abstração, pois o centro, por si e sem a circunferência, também não é centro; a circunferência por si, abstraída do centro e, por conseguinte, de todo o círculo, também não é circunferência. Verdadeiramente, o que é colocado na idéia do círculo não é nem o centro por si, nem a periferia por si, mas já, em cada um, necessariamente, o círculo, isto é, a unidade absoluta. O centro é o círculo intuído em sua afirmatividade, ou é o círculo ideal, pois o que é, afinal, o ponto, senão uma linha circular de diâmetro infinitamente pequeno ou um círculo, cuja periferia coincide com o centro? A circunferência é, ao contrário, apenas o círculo em seu ser-afirmado ou intuído na totalidade. A unidade é aqui, enquanto tal, igual à totalidade. O centro, enquanto tal, é igual à circunferência (pois se o tamanho da

circunferência for indiferente, então, ela é igual ao ponto). O ser-uno de ambos não é o ser de *duas partes*, que apenas juntas constituem um todo. Ambos não são fatores do círculo. Este não é o produto nem a síntese de ambos; ele é sua *identidade absoluta*.

72. A natureza inteira luta contra toda abstração, por exemplo, contra aquela da matéria enquanto puro ser, do qual são negadas toda vida subjetiva e interior, toda percepção. Mesmo quando, na esfera mais profunda da natureza, as percepções são mais obscuras e menos nítidas do que em nós — como nos animais —, elas não deixam de ser reconhecíveis. Conseqüente e simultaneamente, consideramo-as essências meramente materiais. Mas como é que se acrescenta aqui a percepção à matéria, se esta não é perceptível, nem em si, nem *enquanto* ser? O agir dos animais é completamente cego. Nós não pensamos neles mesmos como agentes, pensamos em outro, em um fundamento objetivo agindo neles. De modo equivalente, reconhecemos com incontestável certeza — imposta a nós pela engenhosidade (*Sinnigkeit*) daquelas ações, em especial dos impulsos para a arte (*Kunsttriebe*) — que esse princípio meramente objetivo, relativo aos animais, quando observado *em si*, seria também um princípio subjetivo, semelhante ao princípio consciente no interior da inconsciência, sem que com isso nós estabelecêssemos qualquer dualismo. Mesmo o mais obstinado hábito de ver na natureza a mera objetividade já poderia, desde muito, ter sido superado pelas aparições de circunstâncias extraordinárias

dos seres humanos, das quais, mesmo segundo a representação comum, a alma não toma parte. Por exemplo, as ações habilidosas e seguras de um noctâmbulo, que acontecem de modo tão completamente inconsciente e, contudo, revelam, não raro, tanta finalidade quanto têm as ações dos animais — esses constantes sonâmbulos.

73. A opinião não é, portanto, de nenhum modo, a de que a absoluta identidade do subjetivo e do objetivo seja apenas a essência particular de deus (pois a essência de deus não é nenhum particular), mas a de que essa identidade é a essência de todas as coisas, o universal propriamente dito, e que nada é ou poderia ser afirmado, que não fosse igualmente afirmativo e afirmado — sem nenhum dualismo. Também não se trata de uma oposição real (*reelle*), quando uma e a mesma essência carrega dois nomes diferentes: A e B. Tampouco, a essência A e a essência B são, nesse caso, duas essências diferentes. Ao contrário, elas são, muito mais, apenas Uma essência, de modo que cada afirmável por meio da razão é apenas Uma essência, e, enquanto Una, é plenamente afirmativa e plenamente afirmada, *totalmente* ideal e *totalmente* real (em alemão, *real*).

74. Exatamente porque essa identidade absoluta do subjetivo e do objetivo é a mesma em tudo, o fundamento está apenas em deus, o qual é *a infinita afirmação de si mesmo*, e por intermédio do qual, enquanto substância universal, toda substância é igualmente em si unidade do afirmativo e do afirmado.

75. Contudo (55-74), a abstração não pode fazer qualquer coisa sobre a idéia de deus, tal como flexioná-la ou extrair dela algo particular, a fim de pô-lo para si, do mesmo modo que é impossível deduzir dessa idéia algo por via da gênese ou da produção da mesma.

76. Tudo é, sem origem e eternamente, em deus. Pois, o que *pode* ser em virtude dessa idéia *é* necessariamente e é *eternamente*, e o que não pode ser desse modo não pode ser de modo algum. Nada pode, por conseguinte, nascer (*entstehen*) verdadeiramente em deus ou a partir de deus.

77. Deus não tende para nada, nem nele, nem fora dele, pois ele é todo bem-aventurado (*allselig*); ele não causa nada, pois ele *é* tudo. A infinita afirmação de si mesmo não é nenhuma ação, diante da qual deus se comporta como sujeito, mas é propriamente o ser de deus. Deus não *se torna* pelo fato de que ele se afirma ou se conhece a si mesmo, mas ele *é* um infinito autoconhecer *no* infinito ser, não fora dele ou em ação particularizada.

78. Essa idéia da infinita auto-afirmação do infinito ser-de-si-e-a-partir-de-si-mesmo é tão simples quanto é difícil para o entendimento, que tem sua essência apenas em oposições. Para o entendimento, essa idéia não é nem uma autopartição de deus — de modo que ele pudesse, por exemplo, manter uma parte de si mesmo objetivamente (enquanto mundo) e a outra parte para si, ou de

modo que ele se pusesse a si mesmo como negado, no sujeito e no objeto (o que entraria em conflito com a idéia mais inicial de deus, que é ser a infinita posição de si mesmo) — nem uma autodiferenciação, pois [nesse caso] ela seria apenas, em geral, um agir em deus, enquanto teria que ser, ao contrário, a auto-identificação de deus.

79. De igual valor, ou seja, totalmente contraditória, é a representação de um emergir do absoluto para fora de si mesmo. Se deus pudesse sair para fora de si mesmo, conseqüentemente ele não seria deus, nem absoluto. A absolutidade ou a auto-afirmação infinita é muito mais o eterno retorno, não enquanto ação, mas enquanto o *ser* e a subsistência eternos de deus em si mesmo.

80. Essa consideração (75-79) — assim como as que a antecederam (55-74) — mostra que o entendimento não pode tomar nenhuma parte na idéia do absoluto, e, se para a ciência só estão abertos esses dois caminhos para o conhecimento — o da análise ou abstração e o da dedução sintética (como é, aliás, o caso da representação dominante) —, então *evitemos toda* ciência do absoluto. Nada se deixa particularizar de deus, pois, exatamente por isso, ele é absoluto, porque nada se deixa abstrair dele. Nada se deixa derivar de deus, como se tornando ou surgindo, pois, exatamente por isso, ele é deus: porque ele é tudo. *Especulação* é tudo, ou seja, a visão, a consideração disso que é em deus. A própria

ciência só tem valor enquanto é especulativa, ou seja, como contemplação de deus como ele é.*

As explicações dadas até agora contêm *os meros inícios* da filosofia. Sobre eles é completamente sem sentido discutir com aqueles que, seguindo suas múltiplas exteriorizações, não podem fazer nenhuma outra representação do absoluto além daquela de uma coisa, mesmo que de uma coisa que possui, de forma inerente, a identidade de subjetivo e objetivo, tal como uma propriedade. Querer dar outros esclarecimentos seria também totalmente inútil. De todas as elucidações da idéia mais simples, vale, aliás, aquilo que Leibniz afirma em algum lugar: "Alguém disse que, se o espírito tivesse uma visão clara e direta do infinito, o pe. Malebranche não teria tido necessidade de tantos raciocínios para nos fazer pensar nisso. Mas, pelo mesmo argumento, se rejeitaria o conhecimento muito simples e muito natural que temos da divindade. Esses tipos de objeções nada valem, pois é preciso trabalho e aplicação para dar aos homens a atenção necessária às noções mais simples, e não se consegue senão lembrá-los de sua própria dissipação. É também por isso que os teólogos que falaram sobre a eternidade necessitavam de muitos discursos, de comparações e de exemplos para torná-la conhecida, embora não haja nada mais simples do que a noção da eternidade etc., etc."

---

* Compara-se a isso o [meu] tratado sobre o modo de apresentar todas as coisas no absoluto, no *Neuen Zeitschrift für spekulative Physik* (*Novo Periódico para Física Especulativa*), caderno II, § IV. [vol.IV, p.391].

Cronologia

século VI a.C. Thales de Mileto afirma que a natureza tem um princípio único: a água; Pitágoras concebe uma ordem matemática do universo; Heráclito propõe a teoria do devir na natureza e Parmênides afirma o movimento na natureza como ilusão dos sentidos.

c.478 a.C. Leucipo lança a teoria atomista da natureza, desenvolvida depois por Demócrito e Epicuro.

século IV a.C. Empédocles lança a teoria dos quatro elementos da natureza e Platão concebe uma harmonia geométrica do cosmo através do conceito de "alma do mundo".

século III a.C. Aristóteles concebe, a partir da idéia de movimento, uma filosofia teleológica da natureza fundada na teoria do ato e potência e da matéria e forma.

62 Sêneca cunha pela primeira vez na história o termo "filosofia da natureza", ou *philosophia naturalis.*

c.400 Santo Agostinho estabelece a distinção entre *natura naturans* e *natura naturata* em função da doutrina cristã do criacionismo, lançando a idéia de natureza como imagem de Deus e como análogo do livro sagrado (analogia hermenêutica).

século XI Hugo de Saint-Victor descreve a natureza como um livro "escrito pelo dedo de Deus".

século XII Thierry de Chartres defende uma ordem racional da física como uma lei que nem o criador poderia transgredir.

século XIII Tomás de Aquino estabelece explicações causais para os fenômenos da natureza, seguindo um princípio teleológico de continuidade.

século XIV Paracelsus elabora uma concepção vitalista da natureza.

século XV Giordano Bruno concebe a natureza em sua organicidade, negando o geocentrismo e afirmando a infinitude do universo, teses pelas quais foi condenado à fogueira.

1543 Nicolau Copérnico publica *Sobre as revoluções das órbitas celestes*, na qual justifica minuciosamente o sistema heliocêntrico.

1585-1638 Galileu Galilei desenvolve uma série de experimentos científicos e de teorias mecanicistas sobre os fenômenos da natureza, e retoma a metáfora do livro da natureza, cuja linguagem é agora essencialmente matemática.

1620 Roger Bacon publica a obra *Novum Organon*, na qual concebe uma teoria empirista sobre a natureza.

1609-18 Johannes Kepler enuncia as leis do movimento planetário.

1644 René Descartes reafirma a idéia de uma constituição geométrica da natureza, reduzindo toda matéria natural à forma pura da extensão.

1661 O químico irlandês Robert Boyle publica *O químico cético*, em que derruba a teoria dos quatro elementos da natureza e reinterpreta a teoria do atomismo.

1687 Isaac Newton publica *Principia*, no qual formula a lei da gravidade universal.

1695 Gottfried Willhelm Leibniz publica *Novo sistema da natureza*, obra na qual expõe uma teoria dinâmica do movimento e a tese de uma harmonia preestabelecida do mundo.

1780 O médico escocês John Brown define a vida como excitabilidade e desenvolve uma teoria capaz de explicar a origem da doença.

1793 Carl Friedrich von Kielmeyer, fundador da anatomia comparada, publica a obra *Sobre a relação das forças orgânicas*, na qual descreve as três forças orgânicas fundamentais: sensibilidade, irritabilidade e reprodução.

1797 Friedrich Wilhelm Joseph Schelling publica a obra *Idéias para uma filosofia da natureza*, que inaugura um complexo sistema filosófico sobre natureza, fundado na concepção de uma "física especulativa", em reação à moderna física mecanicista.

1798 Schelling publica *Da alma do mundo — uma hipótese da física superior para explicação do organismo universal*, na qual desenvolve a teoria sobre a relação entre a matéria e a origem da vida, lançando a tese de auto-organização da natureza.

1799 Publicação de *Primeiro projeto de um sistema da filosofia da natureza*, obra na qual Schelling pretende superar a histórica diferença entre *natura naturans* e *natura naturata* através da idéia de um princípio de produtividade.

1804 Schelling lança a obra *Sistema da filosofia como um todo e da filosofia da natureza em particular*, na qual desenvolve a teoria das dimensões da matéria.

1805 Com o médico alemão A.F. Marcus, Schelling funda os *Anuários de medicina como ciência*, no qual são publicados, pela primeira vez, os *Aforismos para introdução à filosofia da natureza.*

Referências e fontes

• As passagens citadas de Aristóteles, a partir da página 13, encontram-se em sua obra intitulada *Metafísica*.

• Para uma compreensão das principais teses de Galileu Galilei, como a citada na página 15, ver o volume sobre o autor na Coleção Os Pensadores (São Paulo: Nova Cultural, 1991), em especial a obra intitulada *O ensaiador*.

• O trecho de Platão citado na página 16 pode ser encontrado em *Timeu*, 33b, publicado no volume sobre o filósofo da Coleção Os Pensadores (São Paulo: Nova Cultural, 1987).

• A citação feita à página 21 encontra-se na tradução portuguesa da obra de Robert Lenoble, *História da idéia de natureza* (Lisboa: Edições 70, 1990, p.84). Essa obra serviu de base para algumas das descrições históricas aqui desenvolvidas.

• As idéias de Descartes citadas na página 30 podem ser encontradas em sua obra *Princípios da filosofia* (Lisboa: Edições 70, 1997).

• Baseei minhas análises sobre o fragmento referido a partir da página 32 na sua edição alemã intitulada "Das sogennannte 'Älteste Systemprogramm des deutschen Idealismus'." In: M. Frank e G. Kurz (orgs.). *Materialien zu Schel-*

lings philosophischen Anfängen (Frankfurt am Main: Suhrkamp, 1975). Uma tradução em português pode ser encontrada no volume sobre Schelling da Coleção Os Pensadores.

• Referências e textos citados das obras de Schelling foram traduzidos do original alemão de suas obras editadas em seis volumes pela editora Suhrkamp (Frankfurt am Main, 1985) sob o título de *Ausgewählte Schriften* (AS). As principais referências estão em *Einleitung zu Ideen zu einer Philosphie der Natur...*; *System des tranzendentalen Idealismus*; e "Die Weltscele".

• Na página 33, o trecho original do fragmento citado é: "*Ich möchte unser langsamen, an Experimenten mühsam schreitenden Physik einmal wieder Flügel geben.*" ("Eu gostaria de devolver as asas à nossa física, que caminha vagarosa e com esforço por meio de experimentos."), na página 110 da edição alemã indicada. Uma tradução desse texto, intitulado *O mais antigo programa de sistema do idealismo alemão*, pode ser encontrada no volume sobre Schelling da Coleção Os Pensadores. O original foi publicado na coletânea de obras tanto de Schelling, quanto de Hegel e de Hölderlin.

• Na página 44 a obra de J.W. Ritter referida é *Beweis, daß ein beständiger Galvinismus den Lebensproceß in dem Thierreich begleite* (Demonstração de que um galvanismo contínuo acompanha o processo vital no reino animal). Weimar, 1798.

• Nas páginas 52 e 53, as referências à obra de Herder foram retiradas das páginas 261 e 605 da edição digital *Quellen*

Philosophie: Deutscher Idealismus (Berlim: Digitale Bibliotek, 2004).

• Nas páginas 53 e 54, a referência à obra de Humboldt baseia-se também em *Quellen Philosophie: Deutscher Idealismus*, S.12.

Leituras recomendadas

Obras introdutórias sobre a filosofia da natureza em português:

Lenoble, Robert. *História da idéia da natureza.* (Lisboa: Edições 70, 1990).

Obra importante como introdução histórica ao conceito de natureza.

Chediak, K. e A.A.P. Videira (orgs.). *Temas de filosofia da natureza.* (Rio de Janeiro: Uerj, 2004).

Coletânea que reúne artigos apresentados no I Simpósio de Filosofia da Natureza, promovido pelo Grupo de Pesquisa de Filosofia da Natureza da Uerj, é dividida em subtemas que envolvem a relação da filosofia da natureza com as ciências da natureza, como a física, a biologia, a cognição e a ecologia.

Ciência & Ambiente, n.28: *Filosofias da natureza.* (Santa Maria: UFSM, 2004).

Esse volume da revista semestral da Universidade Federal de Santa Maria é dedicado ao tema da filosofia da natureza e reúne diversos artigos interessantes, que abrangem desde a filosofia grega antiga até a concepção cosmológica da física contemporânea.

Obras de Schelling e sobre Schelling:

Schelling, F.W.J. *Obras escolhidas*, Coleção Os Pensadores. (São Paulo: Abril Cultural, 1979).

Coletânea de obras traduzidas por Rubens Rodrigues Torres Filho, inclui o fragmento de 1796-7 intitulado "Programa sistemático", a primeira parte da obra "Exposição da idéia universal da filosofia em geral e da filosofia da natureza como parte integrante da primeira", de 1803, e "Bruno ou do princípio divino e natureza das coisas".

______. Aforismos. *Fragmentos para introdução à filosofia da natureza e Aforismos sobre a filosofia da natureza.* Trad. Márcia C.F. Gonçalves.

Inclui uma introdução sobre a filosofia da natureza de Schelling feita pela tradutora. Ainda inédita.

______. *Escritos sobre filosofía de la naturaleza.* (Madri: Alianza Universidad, 1996).

Essa edição reúne algumas obras de Schelling sobre filosofia da natureza, e possui uma boa introdução do tradutor Arturo Leyte.

Puente, Fernando Rey e Leonardo Alves Vieira (orgs.). *As filosofias de Schelling.* (Belo Horizonte: UFMG, 2005).

Uma reunião dos artigos apresentados no congresso internacional "As filosofias de Schelling", realizado em 2001 na UFMG. Útil como obra introdutória ao pensamento de Schelling em suas várias fases.

Artigos da autora sobre filosofia da natureza:

Gonçalves, Márcia Cristina Ferreira. "Schelling: filósofo da natureza ou cientista da imanência". In: Puente, Fernando Rey e Leonardo Alves Vieira (orgs.). *As filosofias de Schelling.* (Belo Horizonte: UFMG, 2005, v.1, p.71-90).

______. "Pode a natureza humana ser bela? A filosofia da natureza na Alemanha do século XIX". In: *Ciência & Ambiente*, v.1, n.28, p.69-78. (Santa Maria: UFSM, 2004).

______. "Ética e natureza". In: *Ethica*, v.8, n.2, p.35-51. (Rio de Janeiro: UGF, 2001).

______. "A idéia de natureza e a natureza da idéia no pensamento de Hegel". In: *Revista de Ciências Humanas*, v.21, n.1, p.13-35. (Rio de Janeiro: UGF, 1998).

______. "A questão da relação entre o ser humano e o ser natural nos contextos da ética, estética e filosofia da natureza. Ou: O direito da natureza a ser livre e bela". In: *Ethica*, v.5, n.1, p.63-87. (Rio de Janeiro: UGF, 1998).

______. "Filosofia da natureza ou Movimento ecológico. Uma introdução ao problema da relação entre idéia e experiência na natureza". In: Chediak, K. e A.A.P. Videra (orgs.). *Temas de filosofia da natureza.* (Rio de Janeiro: Uerj, 2004, p.300-11).

Sobre a autora

Márcia Cristina Ferreira Gonçalves nasceu no Rio de Janeiro em 1962. Estudou filosofia na Universidade do Estado do Rio de Janeiro (Uerj) no período entre 1982 e 1985. Cursou especialização em filosofia no Instituto de Filosofia e Ciências Humanas da Universidade Federal do Rio de Janeiro (UFRJ), onde, em 1991, recebeu o título de mestre com a dissertação "A religião e a vida nos escritos de juventude de Hegel", sob orientação do prof. dr. Luiz Eduardo Bicca. Em 1996, obteve o título de doutora em filosofia pela Freie Universität Berlin (FU Berlin), após a defesa da tese intitulada "Von Helden, Göttern und vom Schicksal. Mythos und dichtkunsttheoretische Dimensionen der Ästhetik Hegels" (Heróis, deuses e destino. Sobre as dimensões teóricas do mito e da poesia na estética de Hegel), orientada pelo prof. dr. Walter Jaeschke. Em 2001, publicou a versão em português desse trabalho, sob o título *O belo e o destino* (São Paulo: Loyola).

Desde 1999, a autora é professora adjunta de filosofia da Uerj, onde é pró-cientista em regime de dedicação exclusiva, com uma pesquisa sobre a filosofia da natureza de Hegel e Schelling. Integra (e atualmente coordena) o GT Estética, grupo de trabalho da Associação Nacional de Filosofia (Anpof). Participa do grupo de pesquisa registrado no

CNPq sobre filosofia da natureza, atuante no Departamento de Filosofia da Uerj, e é membro da Sociedade Hegel Brasileira (SHB). Escreveu vários artigos publicados em revistas especializadas sobre filosofia da natureza, filosofia da arte e obras de Hegel e Schelling em geral, e também se dedica à arte da poesia.

Coleção **PASSO-A-PASSO**

Volumes recentes:

CIÊNCIAS SOCIAIS PASSO-A-PASSO

O negócio do social [40], Joana Angélica Barbosa Garcia

Origens da linguagem [41], Bruna Franchetto e Yonne Leite

Antropologia da criança [57], Clarice Cohn

Patrimônio histórico e cultural [66], Pedro Paulo Funari e Sandra de Cássia Araújo Pelegrini

Antropologia e imagem [68], Andréa Barbosa e Edgar T. da Cunha

Antropologia da política [79], Karina Kuschnir

Sociabilidade urbana [80], Heitor Frúgoli Jr.

Pesquisando em arquivos [82], Celso Castro

Cinema, televisão e história [86], Mônica Almeida Kornis

FILOSOFIA PASSO-A-PASSO

Estética [63], Kathrin H. Rosenfield

Filosofia da natureza [67], Márcia Gonçalves

Hume [69], Leonardo S. Porto

Hannah Arendt [73], Adriano Correia

Schelling [74], Leonardo Alves Vieira

Niilismo [77], Rossano Pecoraro

Kierkegaard [78], Jorge Miranda de Almeida e Alvaro L.M. Valls

Filosofia da biologia [81], Karla Chediak

Ontologia [83], Susana de Castro

John Stuart Mill & a liberdade [84], Mauro Cardoso Simões

Filosofia da história [88], Rossano Pecoraro

Teoria do conhecimento [91], Alberto Oliva

PSICANÁLISE PASSO-A-PASSO

Psicanálise com crianças [75], Teresinha Costa

Feminino/masculino [76], Maria Cristina Poli

Cinema, imagem e psicanálise [85], Tania Rivera

Trauma [87], Ana Maria Rudge

Édipo [89], Teresinha Costa

A psicose [90], Andréa M.C. Guerra

A angústia [92], Sonia Leite

Educação e psicanálise [93], Rinaldo Voltolini

Os outros em Lacan [94], Antonio Quinet

A paixão [95], Marcus André Vieira

Histeria: o caso Dora [96], Nadiá Paulo Ferreira e Marcus Alexandre Motta